汉字中的地理课

苍穹天文

邱磊 著

江西教育出版社
JIANGXI EDUCATION PUBLISHING HOUSE
·南昌·

图书在版编目（CIP）数据
苍穹天文 / 邱磊著. -- 南昌 : 江西教育出版社, 2025. 4(2025. 8重印）. -- (汉字中的地理课).
ISBN 978-7-5705-4735-7
Ⅰ. K9-49
中国国家版本馆CIP数据核字第202448KR24号

汉字中的地理课·苍穹天文
HANZI ZHONG DE DILI KE · CANGQIONG TIANWEN
邱 磊 著

江西教育出版社出版
（南昌市学府大道 299 号 邮编：330038）

出 品 人：熊 炽
责任编辑：曾 琴

各地新华书店经销
江西省和平印务有限公司印刷
710 毫米 × 1000 毫米 16 开本 8.5 印张 88 千字
2025 年 4 月第 1 版 2025 年 8 月第 3 次印刷

ISBN 978-7-5705-4735-7
定价：35.00 元

总编室电话：0791-86705643 编辑部电话：0791-86708350
投稿邮箱：JXJYCBS@163.com 网址：http://www.jxeph.com

播撒地理之种

2021年，邱磊老师的“古诗词中的地理课”系列一完稿，我便欣然写了序。2025年，他又有了新作“汉字中的地理课”系列。这让我既感到惊讶和高兴，又觉得合乎情理。近些年来，他笔耕不辍，也该到收获的时节了。

十年前，我们在上海的一次学术会议上相识。当时，听到他对中华优秀传统文化与地理的联结感兴趣并已做了初步探索，我便鼓励他朝这个方向不断挖掘下去。从国家意志的层面上说，推动中华优秀传统文化入校园、入课堂、入教材，业已成为新时代的重要命题。自2014年教育部印发《完善中华优秀传统文化教育指导纲要》以来，中共中央办公厅、国务院办公厅、教育部、中国教育学会等多个部门（机构）多次下发相关文件，呼吁广大教育同人不断推动和深化这一研究方向。可以说，邱磊老师的学术志趣，正合乎时代大势，是新课标、新教材、新高考背景下的有益探索，同时对每一名青少年及其背后的家庭教育，都是有所帮助的。

“汉字中的地理课”系列共有《苍穹天文》《地脉万象》

《农邦千秋》《市井烟火》等4册，分别对应着天文、地形、农业、城市等4个板块。它们之间存在着紧密的联系（如下图所示）。这种联系将地理学科的综合性与区域性，以汉字为媒介，在不同的维度上予以展示，打造了一门有别于普通教材的魅力课程。

天文（宇宙及大气环境）

地理（地形及地貌）

提供条件 → 农业 持续发展 → 城市（聚落）

这套书的创意，在于引入了汉字知识，及其背后的文化、历史资源。地理的信息载体、思维建构、意义创生，都在新情景的浸润之下，来了个“华丽的转身”。比如，汉字可以展现科学思维。在《苍穹天文》一册中，邱老师提到昼夜的“昼”字：甲骨文为“”，上部的“”，形如一只握笔的手正奋力书写；下部是表示太阳的符号“”。古人通过观察太阳的不同位置和高度，巧妙地将“昼”描绘成“旦—晨—杲—晌—昃—暮”的动态过程。这些汉字“串”起来，就是一幅画面感、想象力十足的太阳视运动轨迹图。换句话说，古人以有形有色的“空间”，来表达看不见摸不着的“时间”。这种统一的时空观，扩大到极致，就是宇宙观。我们不难发现，地理学科独有的思维，正以汉字做载体，外化成有滋有味有底蕴的文化，滋养着每一个中华儿女。

再从汉字的角度看地理这门学科，你会感觉它很有温情。比如，“月”字为什么写成“☽”，而不是反过来的“☾”呢？书中介绍，“☽”出现在华灯初上、“对影成三人”的良辰，“☾”则升起于“江枫渔火对愁眠”的午夜之后。哪个更为人们所熟悉、传诵并记录呢？答案不言自明。地理知识亦由此具备了“温度”，它的生活性、思辨性和文化性渐次展开，彰显了素养培育、生命厚植的育人价值。

汉字还是活的社会化石。甲骨文中的山川日月、飞禽走兽等，都形象地展示了社会发展的面貌。比如“独”（代表唯一）和“群”（代表众多），本义相反，且一个是犬字旁，一个是羊字旁。究其根源，这是对古代放牧场景的“文化回忆”：一只兢兢业业的牧羊犬在茫茫草原上来回奔跑，赶着成群结队的“喜羊羊”“美羊羊”“沸羊羊”……这些内容，我们可以在《农邦千秋》中找到。

我们读着读着就会发现，汉字与地理均具有“至大无外，至小无内”的相似性——它们的覆盖面广，时空、人事、世理都被一网打尽。通过瑰丽、厚实且神秘的汉字，来拆解、重组和复现地理知识与地理原理，这种独辟蹊径之举，不但需要脑洞大开的思考，更需历久弥坚的努力。虽然中学的地理教材中偶有汉字辅助教学，比如黄河干流呈“几”字形、行政区域的简称等，但其并不涉及汉字内部的音、形、义，缺乏历史和文化上的价值解读。现在这套书做的，正是这样的探索——借助文字学、文化学平台，实现汉字与地理教学的深度融合，让孩子们发现地理之美，研习地理之妙，享受地理之乐，笃定地理之志。

愿邱磊老师的研究与努力，能得到更多读者的认可，也愿更多的小朋友、大朋友、老朋友，从这套书开始，在心中播撒下地理的种子。

华东师范大学教授、上海市特级教师、中国教育学会地理教学专业委员会原副理事长兼秘书长　陈胜庆

你的世界，由汉字点亮

亲爱的朋友，每天使用的汉字你一定很熟悉，但你真的“熟悉”她吗？如果我说有一个字，让你可以一秒钟画出世上最具象却也最抽象的画，你信吗？如果我说有一个字，让你可以一秒钟奏出世上最动听却也最悲婉的旋律，你信吗？如果我再说有一个字，让你可以一秒钟在茹毛饮血的历史之源与昌盛发达的现代文明之间穿梭，感怀生命，汲取智慧，你信吗？

也许，你会觉得这是痴人说梦吧。汉字，有这么神奇吗？当她被造出来时，西汉《淮南子》一书用六个字来形容：“天雨粟，鬼夜哭。”意思是说，仓颉创造出文字时，谷粒像雨一样从天而降，无数的鬼魂在暗夜中痛哭流涕。感觉好神奇啊！可是，何来此说呢？因为传说中，自仓颉第一次把文字刻画在龟甲或兽骨上起，人类从此留下了思想的印记，可以一代代地累积知识、增长智慧、传播文明。文字把人类理性启蒙、探索世界的大门撬开了一道缝。民智逐渐开启，文明迭代繁荣。

你或许仍觉得这太夸张了吧，文字真有这般神奇的力量吗？你要知道，在我国百万年的人类史中，能被称为文明史的部分，不过五千多年。在这五千多年中，文字成了维系无数代人心智、情感、认知、观念、精神的核心纽带，成了这个世界沧海桑田、革故鼎新、生生不息的关键见证。她的意义，难道不强于《淮南子》所言的千百倍吗？

也许你会问，汉字不是数千种文字中的一种吗？是的。可我们从文明的源头看，历数那些灿烂文明的重要载体——古巴比伦的楔形文字、古埃及的象形文字及古印度的印章文字，如今都消失在历史的烟尘中，成了常人不能读、不能认，更不能写的“艺术品”。唯有汉字成了远古文明与现代文明的见证。她的造字原理、结构、含义、发音，以及在科学、美学、文学和艺术上的高超智慧，是一座巨大的矿藏，世人取之不尽，用之不竭。

汉字在形成之初，多以象形和指事为主（约占70%），几乎可以说一个字就是一幅图。比如，日月、山川、河流、草木、鸟兽等自然事物，人口、城市、农业、手工业、建筑等社会事物，都是造字的对象。毫不夸张地说，我们随手写下的每一个字，既有精确的符号意义，又是一幅有着高超艺术水准的抽象画。

汉字的文化理性，使她具有鲜明的表达逻辑和强大的想象张力。她既可以诠释天籁的韵律，也可以被视作人伦真情的具象表达。

汉字的文化感性，使她有共生的天地情怀和家国视野。我们剖析汉字的本义、引申义，乃至字形的演变，会看到清晰的历史脉络，嗅到芬芳的乡土气息，悟到深邃的哲思义理。

如此说来，这套书怎会不有趣呢？它是绘画书、音乐书、历史书，更是发现天地大美、中华大美、文化大美的“汉字地理书”。

毫不夸张地说，我们可以用汉字把中国的风土人情、自然风貌统统给“画”出来。事实上，汉字的发展若从甲骨文算起，大致还经历了金文、篆书、隶书、楷书等几个阶段，数量也从开始的四五千个发展到现今的约十万个。在三千多年的积累和演进过程中，先人把对自然和社会的观察、研究和描述，浓缩在无数个小方块中，也把对生活、生命的感悟，镌刻于方寸之间。透过一个字，我们足以穿梭古今；透过一个字，我们足以俯瞰天地。

所以，亲爱的朋友，把汉字读懂、读透，是我们学习地理、学习历史等的好方法。因为，每一个汉字都藏着精妙、奇趣、丰富的乾坤，每一个汉字都自带光芒，照向生命那未知的远方。

你的世界，由汉字点亮。

汉字的演变

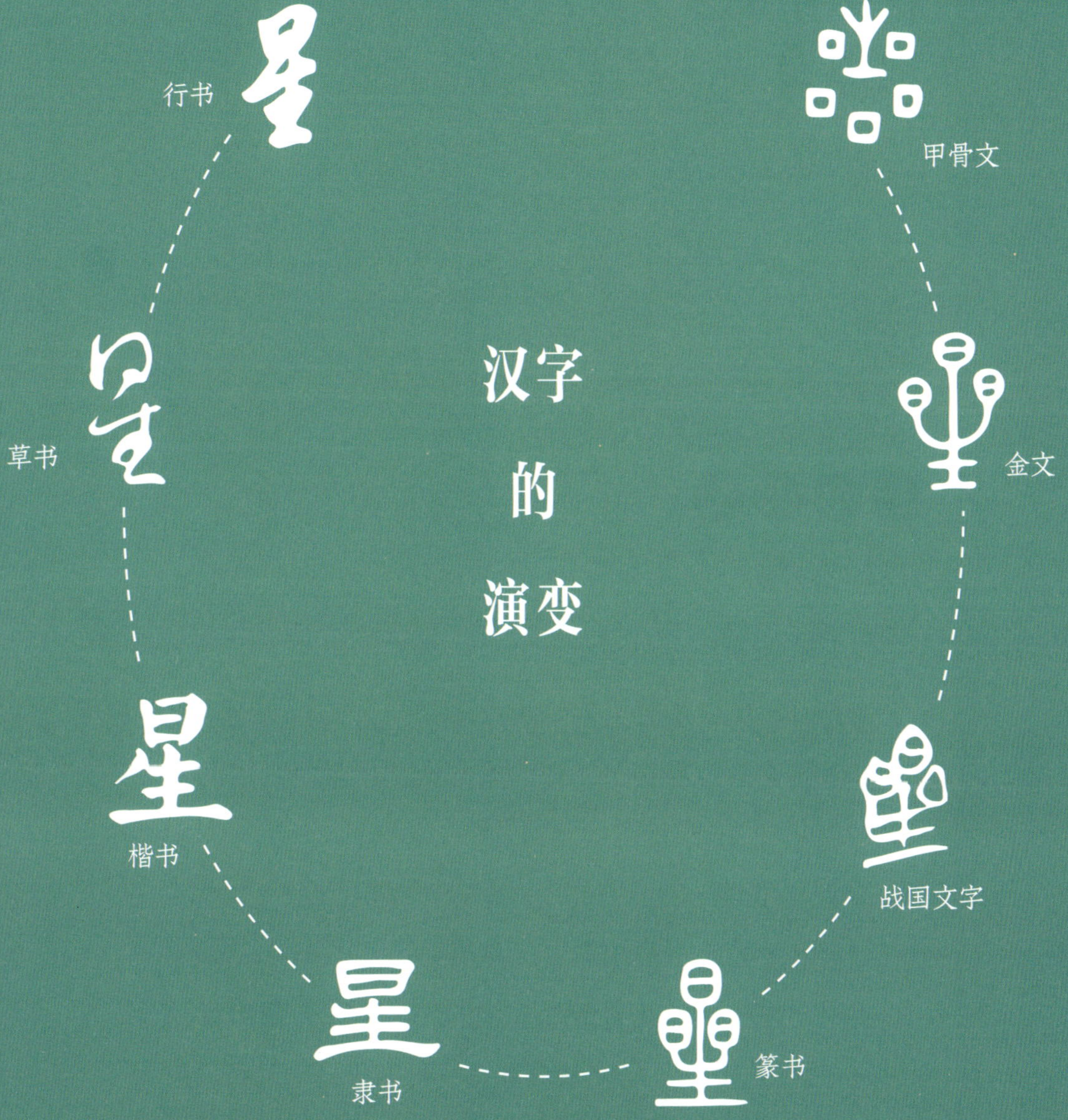

汉字中的
地理课

苍穹天文

太阳运动、月相变化、陨星坠落……说起天文，似乎神秘而玄奥，难近人间烟火。《易经》云："刚柔交错，天文也。"事实上，作为人类历史上最早的一门科学，天文"刚柔交错"于生活的方方面面：经济、政治、军事等。

日月经天，星辰出没；天地奇妙，尽在其中。天文的实用、趣味，以及与传统文化的天然合一，超出你的想象。黑格尔认为，一个民族要有一群仰望星空的人。来吧，让我们借助汉字的力量，成为最潮的追"星"族！

目 录

第一章 永恒的光明

说说“太阳”那些事儿

第二章 天上的故乡

说说“月亮”那些事儿

第三章 穹宇之上

说说“大气”那些事儿

第四章 温情星空

说说“星星”那些事儿

第一章

永恒的光明

说说“太阳”那些事儿

本章思维导图

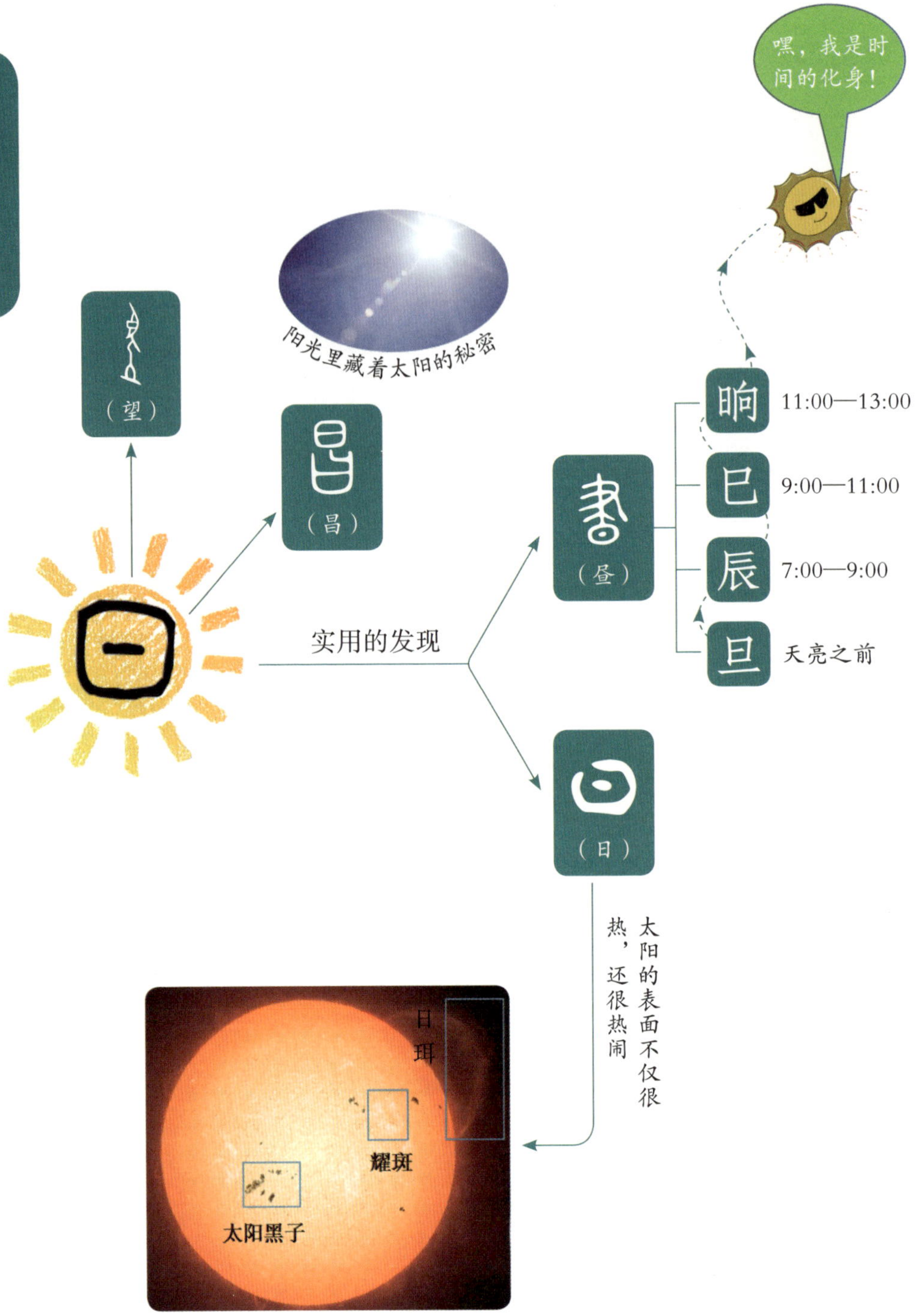

（望）
阳光里藏着太阳的秘密
（昌）
实用的发现
（昼）
晌 11:00—13:00
巳 9:00—11:00
辰 7:00—9:00
旦 天亮之前
嘿，我是时间的化身！
（日）
太阳的表面不仅很热，还很热闹
日珥
耀斑
太阳黑子

[字源]

日，实也。太阳之精不亏。从口、一。象形。

——《说文解字》

[字解]

“日”的甲骨文是典型的象形字，起初就以一个“”表示。在金文中，我们还能见到写得更圆的“O”。有意思的是，部分甲骨文将“日”写成内外两个圈，如“◎”，这与我们今天对太阳的大气层研究，似乎是种“巧合”。

不过，圆形的字书写很不方便，毕竟甲骨文是刻在坚硬的龟甲或兽骨上的，金文则是铸在金属上的。无论哪种，如果刻画成方形，都比圆形要省力——这也是汉字被称为“方块字”的原因之一。所以，我们熟悉的“日”，是多少带些棱角的“太阳素描”。

什么是日呢？《说文解字》说它是光华盈实的太阳，光芒万丈，精华永不亏缺。“日”字是“口”字里面加一短横。这一短横究竟代表什么呢？学者们议论纷纷，提出许多不同意见：有的认为是云彩，有的认为是特殊标记（自然界圆形的东西太多了，为了专指太阳，就加一短横）。现代科学昌明之后，又有不少科学家提出，那可能是太阳黑子。

◎尼泊尔风格的太阳装饰图案

[字变]

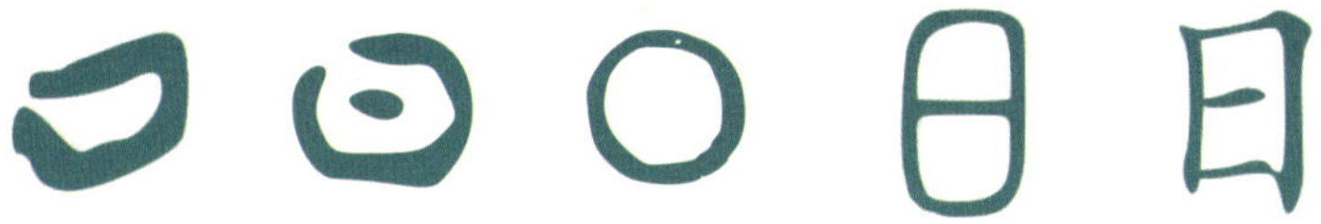

甲骨文1　甲骨文2　金文　篆书　楷书

甲骨文和金文中有关日的造字，看似有点任性，其实就是根据太阳的形状而画，只是在写法上或圆或方，或大或小。而在篆书中，“日”字的写法已经棱角分明，和今天的很像了。在历史长河中，或许由于这个字太重要了，还出现了许多不同的写法，如在“口”内，有的加“乙”，有的加“丶”，有的加“正”，有的加“乌”……稀奇古怪，非常有趣。

[字说地理]

“昌”盛之光

聊起天文学，你或许感觉陌生又神秘。但是，当一切从最熟悉的太阳说起时，事情就会变得有趣且奇妙。我们沐浴在阳光下，享受着太阳无私提供的光和热。有没有谁设想过：假如明天太阳“失踪”了，我们该怎么办？你还别不信，在挪威的特罗姆瑟城，太阳“失踪”过。

◎特罗姆瑟城的极光一景

这里地处北纬70°附近，每年11月下旬太阳下山后，一直到翌年1月中下旬，人们才能再见到它，黑夜近乎两个月。漫长的等待，让人白天精神不振，许多人失眠、神情沮丧，做事没精打采。不过，等到翌年1月太阳出来那天，人们会倾城而出，手捧

“太阳面包”“太阳巧克力”“太阳咖啡”，载歌载舞，爬到高高的山上，观望南天。太阳虽然只在空中停留了几分钟，但乐坏了男女老少，大家都沉浸在无尽的喜悦之中。

读了特罗姆瑟城的故事，我们对太阳带来的温暖、光明和希望，会有更深刻的认知。不仅如此，太阳甚至引发了一场“汉字大爆发”：无数汉字正是从“日”字开始一步步演化，进而逐渐渗透到生活的每一个细节中。

以“昌”字为例。它由“日”与“曰”叠加而成，《说文解字》称它为“美言也”，引申为兴盛、兴旺。为什么在“日”（太阳）下加“曰”（说话），就成了美言呢？原来，古人日出而作、日落而息，最先醒来的人看到旭日初升，天色放亮（由此，“昌”有“光明”之意，再引申为“兴盛”），便高喊别人起床。这种叫喊声，可能让人有欢快、急促、兴奋的感觉——就好像军营里的起床号、学校里的晨铃一样。它也是“唱”字的原型。

◎日出天明，“昌”的本义与唤人晨起的“唱”有关

当然，最早“昌”的并不一定是什么歌，这从“唱名”“唱票”等词语中可以看出来。另外，叫人起床，又有“带头”之意，后来人们另造了“倡”字，来表示“倡导”“提倡”等含义。

我们从“昌”，说到“唱”“倡”，“昌”的意义似乎越变越多。但不管怎样，其核心都指向一点：太阳对人类的生活实在太重要了，人们的言语、行为、思维的多种起源，都与之有关。在《说文解字》中，“昌”还有个回归洪荒岁月的古老意义：“日光”。人类的祖先对太阳非常崇拜，在许多民族的神话中，都有太阳神的影子。之所以如此，必定与太阳那普照大地、无穷无尽的光辉紧密相关。

三足神乌

可是，太阳为什么会发光呢？这个问题，在历史长河中，都是无解的疑问。科学家发现，太阳大约在形成后10亿年左右就发散出和今天差不多的光线。这就更让人难以理解了：它轻描淡写地“燃烧”了46亿年，还丝毫不见枯竭的迹象，简直是“恐怖大魔王”啊！对此，人们提出了很多猜想，其中最广泛的版本是太阳是一个超大的、燃烧着的“煤球”。不过，这种假说经科学家计算之后马上

◎太阳黑子

被推翻：太阳每秒钟释放的热量超乎想象。若以煤炭为燃料，其瞬间释放的热量足以燃烧海量煤炭。若依靠燃煤使太阳持续发光，煤炭仅需短短千年就会消耗怠尽，完全撑不到今天。

◎太阳神鸟金饰

在《加勒比海盗》《未来水世界》等影片中，我们会发现影片中的船长、水手，很多都是“独眼龙”。可别误会，他们的眼睛并不都是在打斗中受伤的，有的是被太阳光“亮”瞎了。在17、18世纪，由于技术条件有限，当时的船长、水手们得趁晴好天气，用专门的仪器观察太阳的位置，以测算船只在茫茫大海上的具体方位。由于眼睛盯着太阳的时间过长，失明就成了代价之一。可见，太阳的厉害，绝不是一个大“煤球”可以比拟的。对此，有一个字可以总结上面的内容——晃。它的上面是个“日”，下面是个“光”，表示日光非常明亮，明“晃晃”的，让人们的眼睛难以睁开。

科学实验

平行光

古人在观测太阳时，无论是大海中的水手，还是观测台上的天文学家，都默认一个基本常识：太阳光是一种平行光。在自然界中，唯有太阳发出的光芒是平行光，千万年来，无一例外。

那么，怎么证明呢？我们不妨做个简单的科学实验：假设我们现在有一个等腰三角形ABC，且$AC=BC$。当点A与点B固定，点C不断远离A、B两点时，三个角的度数会发生什么变化呢？甚至极端一点：如果点C跑到无穷远的地方呢？

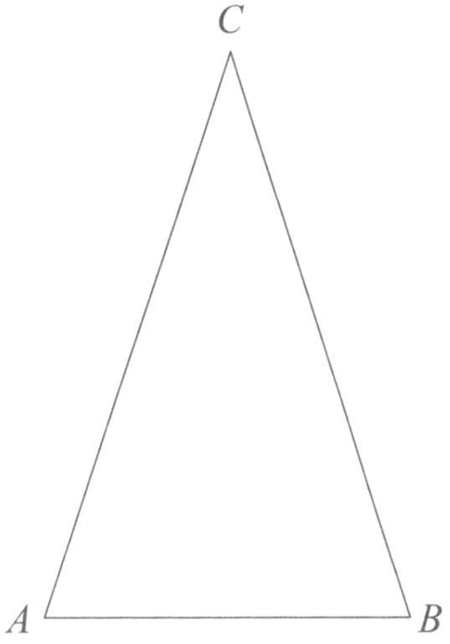

◎等腰三角形ABC

答案是角C会趋近0°，角A和角B的和趋近180°，且两者是同旁内角，自然可知AC与BC平行，趋近重合。

现在，来探索太阳光和地球之间的距离。我们可以把底边AB的长看成地球的直径，它约为1.27万千米。C点可看作太阳，腰AC、BC就相当于太阳发散的太阳光线，长约1.5亿千米。那么，地球直径和太阳发散到地球上的光线的长度之比，也就是图中AB的长度和AC（或BC）的长度之比，具体为：

$$(1.27\times10^4):(1.5\times10^8)\approx1:11811$$

显然，前者的长度不到后者的万分之一。形象地说，太阳与地球之间大概可以放得下1.18万个地球！试想一下，如此极端拉长一个三角形，最后得到的，将是两条极度接近的平行线。

接近到什么程度呢？比如，我们选择一个标准的塑胶田径场，在直道上画两条长度为100米的相邻的跑道线，两条跑道线之间的距离不到1毫米。显然，这点间隙仅凭肉眼是很难察觉的。

知道照射到地球上的太阳光线近乎平行，能帮助我们认识很多问题。比如如果所有照片都是在摄影棚拍的，那么在多光源条件下，物体影子的朝向不可能一致。再如在冬季，我国海南、广东等地温暖如夏，而黑龙江、吉林等地却严寒冰冻。这种差异主要是由于地球是一个球面，而太阳光是以平行线的形式照射到地球上的，因此，靠近赤道的低纬度地区，由于太阳照射的角度大，甚至可以被直射，所以太阳辐射强，气候长年温暖。反之，高纬度地区由于太阳照射的角度小，太阳辐射弱，因此气候就比较严寒。

后来，学术界陆续又提出“流星假说”“太阳收缩假说”等，无不与观察结果相悖。真正的答案是什么呢？说起来，它和汉字“日”还有点关系。“日”的众多写法中，有一种是“囗”。“囗”里的“乌”，就是乌鸦，因为居于太阳中，所以又叫“金乌”或“三足乌”。“日”也可以写作“乙”，“乙”从侧面看正是翱翔的鸟。

公元前140年前后，我国有本叫《淮南子》的名著问世，其中记载“日中有踆乌”，“踆乌”就是指三足乌。在我国的神话体系中，人们一直认为太阳中有乌鸦。

为什么不是别的鸟，而是乌鸦呢？一种说法是古人观察到乌鸦有“晨去暮来”（早晨出去，傍晚回来）的习性，与太阳的“作息规律”比较相近。其实，最重要的是它的颜色。正如俗语所说，“天下乌鸦一般黑”，黑色不仅能代表乌鸦，在某些情境下，还能指代太阳。这一点听起来很奇怪，黑色怎么能代表太阳呢？

其中最主要的原因是古人观测到了太阳黑子。什么是太阳黑子呢？它是指太阳脸上的小小“黑痣”。我国是世界上最早记录这些“小家伙”的国家，早在两千多年前的《汉书》里已有相关记载。

人们一直不明白这些“黑痣”究竟是什么。这个疑惑，直到望远镜问世，才被一点点地解开。

文化加餐

望远镜的发明

17世纪初，在荷兰一个名叫米德尔堡的小城里，眼镜匠利珀希几乎整日忙碌着为顾客磨镜片。他开设的店铺里，各种各样的透镜琳琅满目，以供客户配眼镜时选用。当然，丢弃的废旧镜片也不少。它们成了他三个儿子的玩具。

一天，孩子们在阳台上玩耍。无意间，老三双手各拿一块镜片，靠在栏杆旁，前后比画着看前方的景物。突然，他看到远处教堂尖顶上的风向标变得又大又近，便欣喜若狂地叫了起来，两个哥哥争先恐后地夺下镜片，观看

> 远处教堂屋顶上的瓦片、窗户、飞鸟……它们都很清晰，仿佛近在眼前。利珀希知道此事后，感到不可思议，亲自试验后才相信。消息一传开，米德尔堡的市民们纷纷来到店铺想大饱眼福，不少人愿出高价买下镜片。为方便观看，利珀希开动脑筋，除了做出单筒望远镜，还把两个套筒联结，设计出了双筒望远镜。世界上最早的望远镜就此诞生！

◎“望”字的甲骨文

如果仅仅从汉字的角度说，望本身就有“远望”的含义，也多少有一些天文学的“气质”。从造型上看，该字像是一个戴着太阳镜的时髦小哥，正回首眺望。其实，这里的“”正是竖着写的眼睛（“”）。一个人做什么样的动作，眼睛才可能会这样呢？那便是把头仰得很高，或俯得很低。甲骨文中的“望”正是一个睁大眼睛、站高望远的人。他在看什么呢？古人又在甲骨文“”的基础上，加上“月”，表示眺望天上遥远的明月之意。

这么说，“望远镜”本来叫“望境”就可以了。“远”的含义，已囊括在字义中。不过，望远镜的功能并不局限于望远，它还能“拉近”远方的事物，使其毫发毕现，看起来如在人们眼前一样。

天文学家伽利略知道了这一发明后，大为振奋。经过一番研究，他将望远镜的放大效果从3倍提高到了20倍，人类第一次看到了较为清晰的太阳黑子。不过，即使这样观察，还是看不清那些“黑痣”到底是什么。

现在，望远镜的口径从伽利略时代的4厘米，变成8米以上（差不多是一间教室的长度）。在超高倍天文望远镜的帮助下，我们终于看到太阳黑子其实是一些旋涡状的气流，其温度高达4500℃。通常来说，4500℃已足以熔化地球上的任何物质了，未来随着科技进步我们也许能生产出耐4500℃高温的物质。

这些“古灵精怪”的气流，神气十足，若从侧面看，像是一个个浅盘，中间下凹，四周凸起。由于它们的温度比周边区域低了很多，在明亮背景的反衬下，它们才看起来是“黑”的。

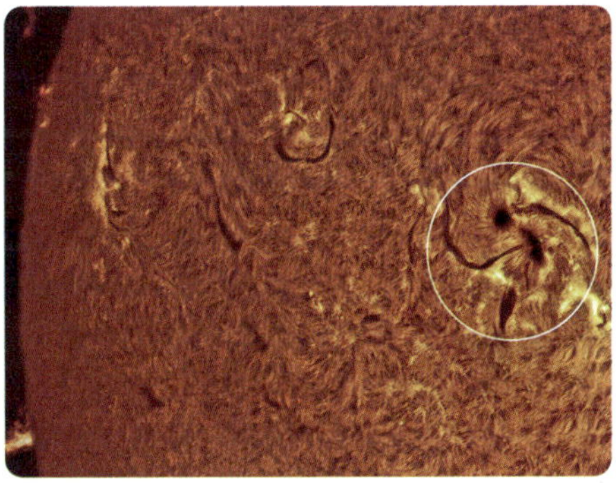

◎图中黑色部位为太阳黑子

聚变之“日”

太阳的能量，究竟来自哪里呢？这就要说到核聚变了。核聚变可以通过牺牲一丁点儿质量的方式，来换取巨大的能量。这一伟大的发现，来自我们熟知的科学巨匠爱因斯坦。据计算，太阳每秒钟要损失大约400万吨的质量，但从它诞生之日起，直到现在的46亿年中，只损失了自身0.03%的质量。太阳的质量大得吓人啊！《说文解字》介绍“日”字时，说它代表着“太阳的精华永不亏缺”，真是一语中的！

◎朱塞佩·贝尔蒂尼的壁画作品：伽利略向威尼斯总督演示如何使用望远镜

在人类看来，这是一种十分高级的“魔法”，但在宇宙中，实在是太寻常了，所有的恒星都会玩。具体来说，太阳主要由极易燃烧的氢构成，核心温度又极高，这使氢可以变成另一种名叫“氦”（氦在希腊语中的意思是“太阳”）的气体。人们称此过程为核聚变反应，巨大的能量通过这一过程释放出来，成为太阳源源不断发散的辐射。

如今，有个假说：太阳黑子是太阳的核废料，也就是核反应完成后剩下的渣滓。与地球相比，太阳黑子温度虽然非常高，但由于核聚变反应程度不足，能量不够，与周围的正常区域相比，足足低了一两千摄氏度。这让它在周围明亮背景的衬托下，看起来黑乎乎的。同样，它之所以中间下凹，看起来像个深不见底的巨坑，也是因为能量不够，这是由原有的热膨胀不断地衰减、萎缩而导致的。

不妨做一下推测：黑子的数量不断增多，意味着新的核废料层出不穷。等到有一天，太阳的“脸上”满是“黑痣”，那太阳也就走到了生命的尽头。不过据计算，这将是50亿年之后的事情了。

另外，天文学家在对太阳黑子长年累月的观察中，总结出它的数目变化周期平均为11年。一般前4年，数目不断增加并达到峰值，后7年再逐年递减。我们把太阳黑子最少的年份，称为“太阳活动极小年”；反之，就称为“太阳活动极大年”。每次太阳黑子大爆发，地球就时雨时旱，时灾时疫，让人防不胜防。

19世纪末，俄国的施维多夫教授于一些老树墩上发现，其年轮之间的距离并不是相等的，而是时疏时密，大致也是11年变化一次。年轮表示树木每年新增的木质。如果气候潮湿、温暖，树生长得快，就会长出较厚的一层木质，年轮间隙也就相对较宽；如果春夏较冷，或夏天干旱，树获取的营养不足，年轮间隙就相对窄一些。由此可见，太阳黑子还能影响植物生长，真是玄妙。

看到这里，你一定会发现，太阳真是太不可思议了！我们从一个小小的汉字“日”说起，没想到它背后竟然有那么多的奥秘。这如同探险一样，让我们沉浸于震惊、迷惑与感悟的思绪交织中，一步步靠近自然奥秘的核心。然而，这仅仅是天文学探究的开端，它的魅力无可抗拒……

地理知识提要：

★ 核聚变是太阳的能量之源。

★ 太阳黑子是太阳表面温度相对较低、颜色较为暗淡的区域。

★ 太阳黑子的变化周期平均是11年。

★ 氢和氦是组成太阳的主要元素。

[字源]

冕，大夫以上冠也。

——《说文解字》

[字解]

“冕”是从“免”字演变而来的，两者发音相同。“免”的甲骨文是“”，看起来像一个人头上戴着帽子，其本义为一种礼帽。“冕”字的上部，很像“日”字，如日晷的晷就是如此。但这里其实是“冃”，读作“mào”，也是指帽子，在篆文中被夸张地写成“”。

冕虽然指帽子，却不是普通人可以戴的。一般来说，它还配有“旒”（又叫“鎏”），即前后挂着的一串串小玉珠。它们用彩丝串联，不同身份地位和场合，旒上的玉珠数量有所不同。戴上去，让人感觉非常威严。《说文解字》中强调“大夫以上冠也”，即只有显贵到“大夫”这个级别的人，才有资格佩戴冕。这种礼制发展到后世更为严苛，冕成为君主专属的东西，所以君主戴的冠冕又称为“冕旒”。皇帝登基，也叫“加冕”。

◎古代帝王的冠冕

[字变]

甲骨文　　金文　　篆书　　楷书

早期的“冕”字，与“免”相同。甲骨文“”像一个人头上戴着帽子；金文“”把这顶帽子描绘得稍显夸张；在篆书中，加上了含义更明显的“冃”。篆书的异体字“”，多出了“糸”旁，强调旒由丝料制成。这种材料不可多得，这暗示着使用它的人身份不凡。楷书则把“”换成“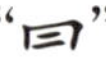”，“冕”字最终变成今天我们所熟悉的样子。

[字说地理]

神像上的光圈

冕与太阳之间的关系，源自科学家的高超想象力：如同人间的帝王一样，天上的至尊——太阳，也戴了一顶名叫“日冕”的

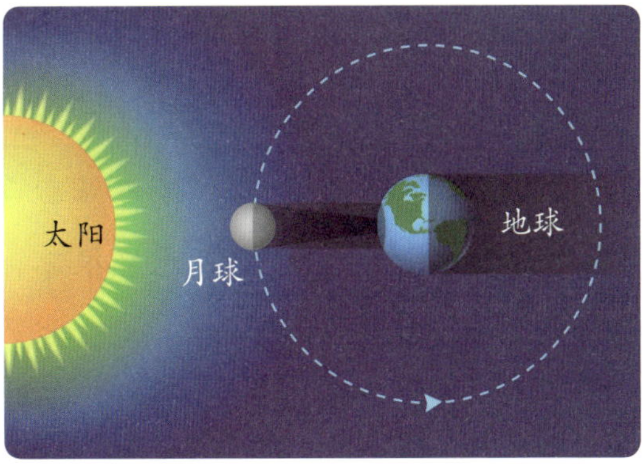

◎日食时，月球恰好挡在地球与太阳之间（本图仅用于模拟天体之间的位置关系，不代表其大小）

“帽子”。而且，这顶“帽子”可不是人们随随便便能见到的，必须在特殊的天文条件下才行。

我们知道，太阳是一个主要由氢和氦元素组成的巨大气体球。它表面的发光部分，叫作光球层，太阳黑子就分布在这一层。我们小时候画的太阳——“〇”，从科学的角度说，这张“大脸”就是光球层。太阳最外层的大气叫作日冕层，它通常可以延展到很远的地方。而且，那里物质极其稀疏，看起来几乎透明。令人百思不得其解的是，日冕层明明距离太阳核心区很远，温度却高达百万摄氏度。

人们为了解开这个疑惑，不遗余力地研究它。可惜，由于日冕层亮度太弱了，正常情况下我们仅用肉眼根本看不见它，常常得等到日全食期间才行。发生日全食时，地球、月球、太阳排成一线，月球居中，地球上的人看到太阳一点一点被月球的影子挡住。

文化加餐

被日食“喊停”的战争

公元前6世纪，在今天的土耳其境内，有两个敌对部落——米底和吕底亚，他们连年打仗，百姓饱受战乱之苦。当时，有一位名叫泰勒斯的学者，决定运用自己的知识来结束这场战争——他熟悉天文学，预先推算出公元前585年5月28日会发生日食。于是，他告诉双方首领：“上天对你们挑起战争已经很不高兴了，如果你们还不罢手，上天将会通过太阳发出警告！”果然，到了那天，双方交战正酣时，一个黑影一点一点地把太阳给“吞没”了。起初，白天变成黄昏，后来竟如同黑夜，连星星都清晰可见。交战双方以为他们真的触怒了上天，吓得赶紧鸣金收兵，罢战言和。

被日食“喊停”的战争，在历史上并非个例，你可别以为只有古代才有。1966年11月12日，柬埔寨内阁首相朗诺的军队在一次战斗中，因遭遇日全食而惊慌失措，很多士兵吓得丢掉武器，就地跪拜，还有一些士兵朝天鸣枪。你瞧，因为天文学知识匮乏，人们闹出过诸多笑话；但也总有聪慧之人，细致观察、耐心研究大自然的现象，从而发现了不少奥秘。

虽然月球的“个头”只有太阳的四百万分之一，与太阳相比小得就像一粒尘埃。但太阳与地球之间的距离，比月球与地球之间的距离远了四百万倍。这两个数字相互抵消，就出现了一个神奇的“巧合”，让天文学家目瞪口呆。也许其中还有别的奥秘，等待有志者去发现。总之，站在地球上看，月球的大小几乎和太

阳一模一样。

◎图中白色部分为日冕，其中的丝状光线，叫冕旒

在日全食时，月球刚好能把太阳的光球层完全挡住，而这时，日冕层会露出它难得一见的真容。在天文照片上（如右图），白色的部分围成一圈，那就是日冕层。人们形容它为“神像上的光圈”。光圈上的亮束，如同飘逸的白发，被称为“冕旒”或“冕流”。还记得“旒”字吗？那如串玉般的珠线，用在这里真是非常形象了。它的篆书写作“旒”，其中的“㫃”代表迎风（太阳上还真有“风”呢）飘扬的旗帜，“㐬”就是上面的带状装饰。

太阳风的杰作

冕旒主要由等离子体构成。什么是等离子体呢？在不同地区，它的叫法不同。在英语世界里，它叫“plasma”，原意为“血浆”；在我国宝岛台湾，人们叫它“电浆”。我们生活中的日光灯、霓虹灯，还有自然界的闪电、极光，都与其有关。

原来，由于太阳的温度实在太高，特别是日冕层，其温度是太阳表面温度的数百倍。物质的基本组成单位——原子，已经“管不住”其中的电子了。这些彻底“放飞自我”的电子与原子核混在一起，成群结队地从太阳表面向外高速飞驰。由于它们携带的正负电荷总量相等，所以被称作“等离子”。

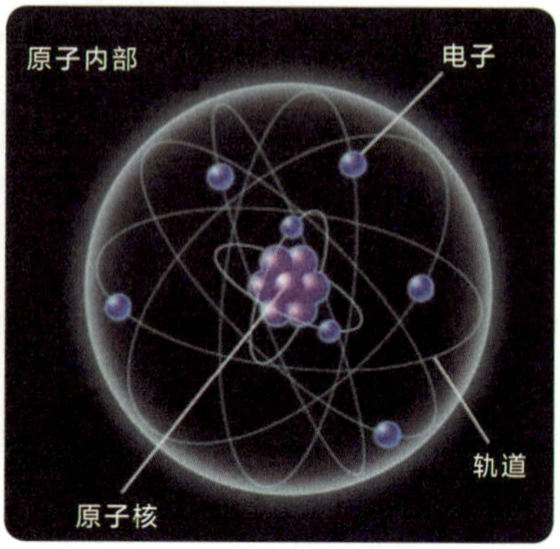

◎如同八大行星忠诚地绕太阳转圈圈一样，许多电子也绕着原子核高速运动。在自然界，广袤无垠的太阳系（左图）与细微精巧的原子内部（右图），竟然达成了某种默契。（小提示：左图显示太阳系内各天体之间的位置关系不代表真实的大小比例或远近比例）

这些带电的小家伙，速度非常快，在宇宙中左冲右撞，像超级狂风一样，“吹”向宇宙各处。科学家给它们取了个生动的名字“太阳风”。它们踪迹难寻，常常似有若无，但千万不要小瞧它们，人家本事可大着呢！就拿彗星来说，你看见那长长的、直直的尾巴了吗？那就是太阳风和太阳辐射的“杰作”。当太阳风进入地球大气层后，经过一系列复杂的物理、化学变化，就在地球的高纬度地区（如南极北极地区）形成了美丽的极光。

极光是中国人的“老朋友”。司马迁在《史记》中提到，黄帝出生时，“大电”围绕在北斗星周围；上古部落首领颛顼出生之前，天上也出现过白亮的“瑶光”……这些听起来陌生的名字，其实都是极光的别称。据统计，由于极光形状各异、绚烂多彩，我国古代对它的称呼多达十余种。

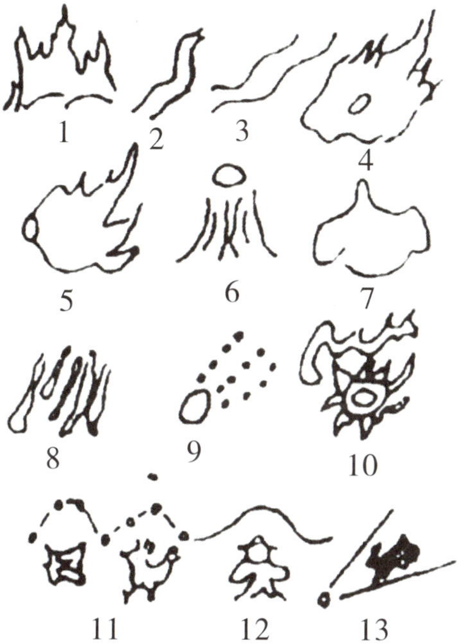

◎左图犹如早期的甲骨文。其名称分别为：1蚩尤旗、2枉矢、3长庚、4格泽、5含誉、6狱汉、7归邪、8众星并流、9大星如月、10濛星、11旬始、12天冲、13天狗。源自清代初期黄鼎《管窥辑要》中列出的极光图形和名称。右图是北极地区的真实极光，与枉矢、长庚比较相像

极光虽然带一个“极”字，却并不仅仅出现在极地地区。如果你想观测极光，北半球的阿拉斯加、加拿大北部、西伯利亚、格陵兰岛与挪威北海岸，都是理想的位置；而南半球的极光观测点则主要集中在南极洲附近。尤其是美国阿拉斯加州的费尔班克斯，那里因一年有200多天能目睹极光而闻名世界，享有“北极光之都”的美称。

在我国，越往北的地方越容易看到极光。黑龙江省的漠河市是国内最有机会看到极光的地方，在内蒙古的呼伦贝尔草原有时也能看到极光，甚至在北京也有机会看到这一美丽景象。

燃烧的草原

极光作为日冕层带给地球的礼物，给人以美的感受，但它的兄弟——色球层，脾气可不太好，动辄“发飙”，我们只能报以“呀”的惊叹声。色球层“夹”在日冕层与光球层之间，它的名字里带“色”字是因为它那标志性的玫瑰色。日全食时，随着太阳被月球遮住，“黑夜”突然来临。在那个“黑太阳”的周围，在白色的日冕层之内，镶嵌着一圈不太显眼的、玫瑰色的光环，那就是色球层。仔细看下图，那薄薄的一层就是它。

从地球上看，色球层的边缘并不光滑，有许多突出的针状物，那其实是火舌。天文学家用“燃烧的草原”或“火的海洋”形容整个色球层。如果能够“站”在它旁边观察，你会发现它如同沸腾的海洋，不断冒出滚烫的气体。这些气体有时像喷泉，会向上喷射，蹿得很高，再落回去；也有少量没有落回去，而是穿过日冕层向外抛射到太空中。

◎色球

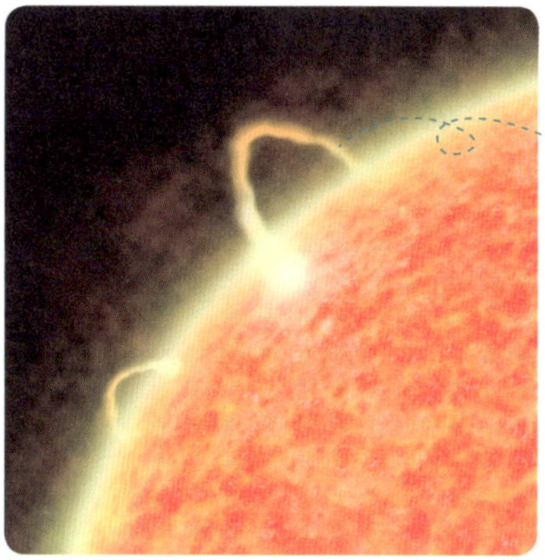

◎日珥

它们如浮云，似拱桥，又宛若团团草丛，或是簇簇繁花。整体来看，它们形状恰似贴附在太阳边缘的耳环，由此得名“日珥”。

“珥”这个字，本义是一种用玉石做的耳环。汉字中的“王”字旁，多由“玉”字省略而来，也多和玉有关联。“耳”的金文“”、篆书“”，简直就是一只绘画版的人耳，惟妙惟肖。1851年7月28日发生过一次日全食，瑞典和挪威的许多天文学家目睹了日冕和日珥奇观，并确认了色球层真实存在。日珥是色球层上的一种突出物，虽然看起来很小，但跟地球相比，其巨大的规模还是能让人感受到强烈的压迫感与震撼力。

除了日珥，色球层上还会爆发耀斑。1859年9月1日上午，英国天文爱好者卡林顿在对一个规模庞大且结构复杂的黑子群进行观测时，突然看到两道极其明亮的白光，这两道白光仅仅维持了几分钟就迅速消失了。后来类似的

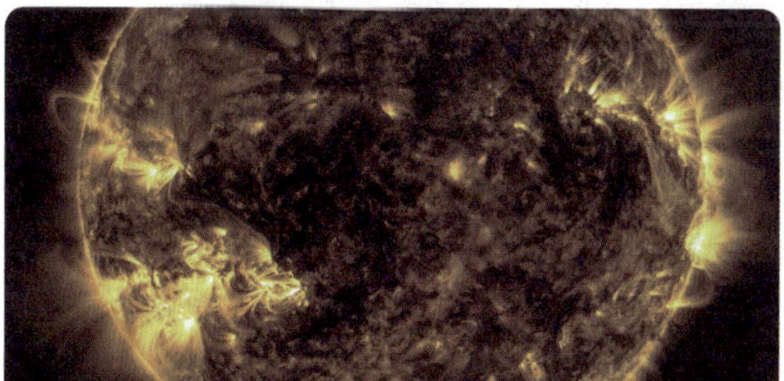

◎在形如拱桥的日珥下方，可以看到非常耀眼的大斑点，这正是耀斑

现象被观测到的次数越来越多，人们才将其命名为“耀斑”。

这些白光是能量剧烈爆发的标志，就好像爆炸时我们看见的耀眼火光。由于它们蕴藏的能量实在太高——就算把地球上所有强火山同时喷发、所有地震带同时活动释放的能量加起来，与之相比都远远不及。更可怕的是，耀斑的巨大威力，可能会损害全球的卫星，进而导致计算机系统、航空系统、导航系统出现故障甚至损坏；我们的手机也会受到影响，不是信号变差，就是直接死机，简直是叫天天不应、叫地地不灵。

今天，当人类骄傲地炫耀自己的“文明”时，太阳只要“哼”一声，就能够引发巨大的震荡，甚至使整个地球文明瞬间消失。因此，一个拥有天文学知识的人，不管是戴“冕”，还是

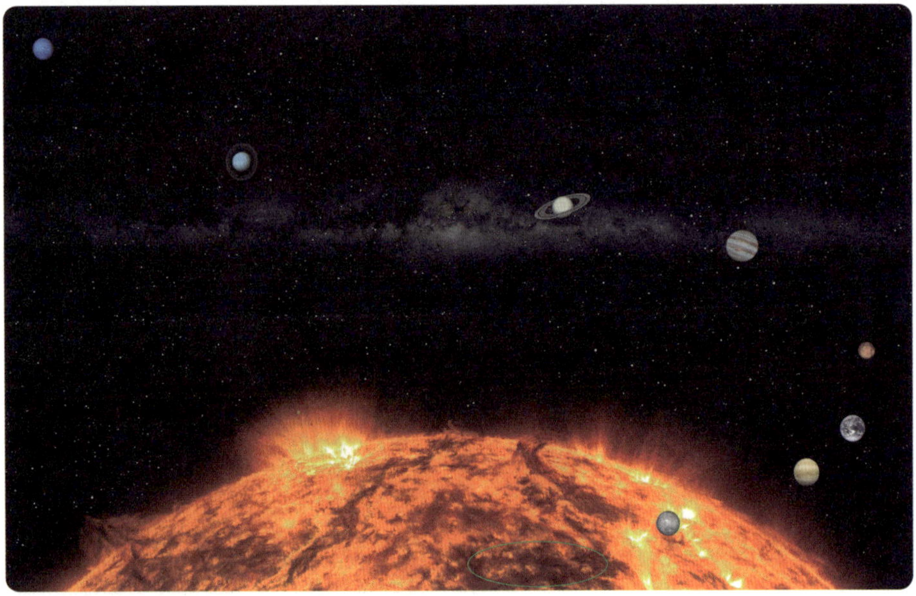

◎图中最底端的黑色暗区是太阳黑子。图中亮得发白的部分是耀斑。图中红色的跳跃的线条（形如拱门）是日珥

佩“珥”，都往往更谦卑、包容与进取。谦卑，是因为他看得更深、更远、更持久；包容，是因为宇宙纷繁，星辰千变万化，本是世界的常态；而进取就更重要了，它会推动你不停地阅读、思考、行走，创造一个更美好的未来。

地理知识提要：

★ 太阳是一个巨大的气体球。

★ 当地球、月球、太阳排成一线（月球居中）时，太阳射向地球的光被月球挡住，且月球的阴影正好落到地球上，使得地球上的部分地区陷入短暂的黑暗，这便是日食现象。

★ 在太阳风的作用下，地球上的高纬度地区会出现美丽的极光。

★ 太阳的表面，由近及远可以分为光球层、色球层和日冕层，人们分别可以观察到太阳黑子、日珥和耀斑、太阳风。

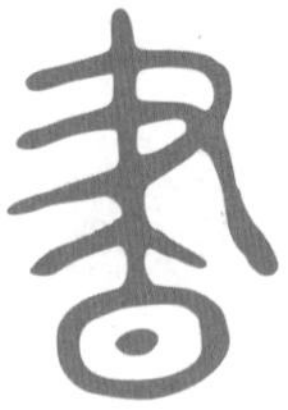

[字源]

昼，日之出入，与夜为界。

——《说文解字》

[字解]

不少读者听到天文的第一反应是夜观天象，好像大多数天文活动都要在黑夜完成。其实，天上有一个大家伙，只能在白天研究，黑夜永远与它无缘。那便是太阳。当太阳从地平线上升起时，天光放亮，白天也就开启了。《说文解字》中说，从清晨到黄昏，即为昼。

让人意想不到的是，昼似乎不是一个名词，倒更像动词：篆书的“昼”，上面的“”，今为“聿”（yù），表示笔。其甲骨文为“”，形如一只握笔的手正奋力书写；下面是表示太阳的符号“”，意在记

录日出日落的每一天。我们在其他字体的“昼”字中，看到下面的“”，有的变成“”，有的变成“”，总之是用小短横（或者其他符号）标记太阳在天空中不断移动的位置。古人为什么要这么做呢？原来，太阳的存在，对时间的计算非常重要。

[字变]

甲骨文　金文　篆书　楷书

“昼”的甲骨文为“”，保持着最朴素的意蕴，金文和篆书都是一脉相承，只是越写越复杂。简体楷书的“昼”，又变得简洁了。其实，简体楷书的“昼”出自草书“”的写法，上部简写成“尺”，下部变成篆书的“”（“旦”），整体的样子发生了较大的变化。

[字说地理]

一寸光阴一寸金

天文学是一门帮助人们认识、适应，乃至改造世界的学问。这一切的第一步，得从探索环境开始。太阳在宇宙中运行，昼的产生、发展、结束是极有规律的。古人经过长时间的观察，发现利用太阳的运动规律来确定大致的时间和方位，既方便、简单，又有效、可靠。就拿时间的“时”来说，左边是“日”，代表太阳；右边是“寸”，代表测量。古人常说“一寸光阴一寸金”，光阴真的可以测量！因此，昼被古人巧妙地分成几个时间段，以此帮助人们更好地生活与工作。

先来说说曙。“曙光”这个词语，代表崭新一天的第一道阳光。在罗马神话中，有位迎着黎明诞生的女神，叫作曙光女神（Aurora）。由于这个时段的阳光非常迷人，金灿灿的，同时又带有希望、光明等美好寓意，化学家便把Au作为颜色与之相近、备受人们喜爱的黄金的元素符号。在埃及文字中，“黄金”的意思则是“可以触摸的太阳”。

◎曙光初见，天空与大地还笼罩在黑夜中

曙光只是把黑夜撕开了一道口子，此时的天地一片混沌，万物依旧在沉睡中。很快，太阳就从天边羞答答地露出头来，越升越高，不久，就完全高出地平线。天地始分，世界苏醒，昼真正到来了。古人看到这一景象，就造出一个“旦”字来。“旦”字在甲骨文中有的写作“”，有的写作“”，还有其他奇形怪状的写法。有关“旦”字下面一横的解读，学者的意见不一致，有的说是大地，有的说是日影。不过，无论怎样，“旦”表示“清晨”之意是肯定的，像“枕戈待旦”“通宵达旦”“危在旦

夕”等，都是这样的用法。

东方红，太阳升，大地通明，黑暗尽除。“旦”历来是光明的象征。上古时代的《卿云歌》中唱道：“日月光华，旦复旦兮。”意思是日月光辉照耀，代代永存。我国著名的复旦大学，其校名就起源于此。在古代典籍中还有“旦旦”一词，《诗经·卫风·氓》“信誓旦旦”中的“旦旦”本为诚恳的意思，后引申为“天天”“明亮”，又可进一步引申为“显明”“明确”的含义。

◎太阳位于小草上方即为“早”

“旦”之后，太阳会继续升高，早晨也随之而来。“早”由“日”与“屮”（读作“cǎo”，“十”是它的变形）组合而来。这里的“屮”为“草”的古代写法，练篆体书法的读者都知道，草字头可以写成“ψψ”。由于“日”在上而“屮”在下，那“早”代表的则是太阳的高度刚好超过草地的时间段。当然，这是一种形象的、带点文艺腔的说法，很难断定是清晨几点钟。

不过，我们可以从“晨”字上找到一些启示。“晨”与“早”意思相近，本来写作“辰”。辰的甲骨文为“”，表示手持用贝壳做成的“镰刀”——蚌镰（也有学者认为是石头做成的石锄），日出而作，辛苦农耕。

如何证明“辰”与“农”有关呢？我们仅需看一眼“农”的繁体字“農”，就恍然大悟了——“辰”不正在其中吗？

◎徐州博物馆收藏的商代“蚌镰”实物

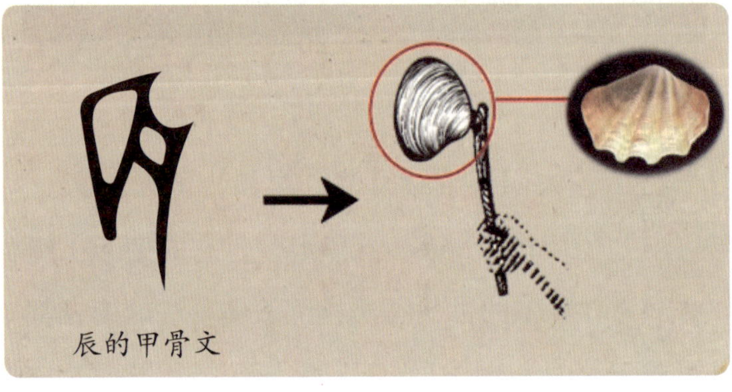

◎贝壳做成的翻土农具

朝有“时”，暮有“辰”

我国古代掌握天文学知识的祖先，根据日月星辰的运行规律，把一昼夜等分为十二个时间段，称为“十二时辰”，每一时辰相当于今天的两个小时。说到小时，你有没有想过：“小”字从何处来？原来，这是相对西方世界来说的。众所周知，西方人将一天的时间均分为24份，而我们古人分成12份，由于西方分得更小，所以叫“小时”。

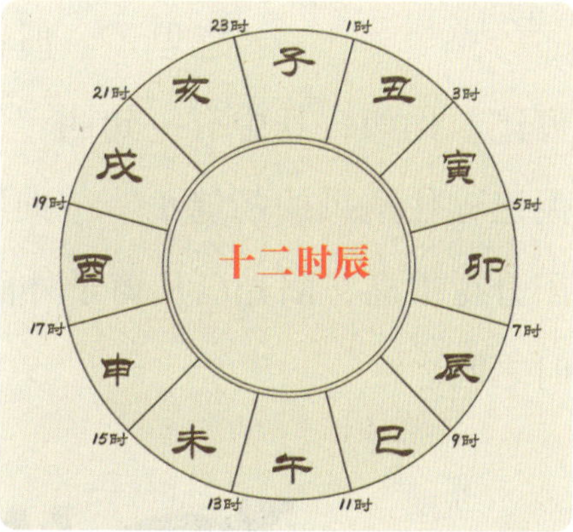

◎十二时辰

在十二时辰中，辰时相当于今天的7—9时，属于早上。所以，“辰”上面加个“日”，就成了早晨的“晨”。从农业的角度说，日出而作，日落而息，辰时代表着万物生长的时刻，因此也被称为“群生之时”。在这个时间段里，各种生物开始活跃起来，大地也变得生机勃勃。人们常常在此时开始农事活动，以求丰收和富裕。由于辰时在十二时辰中特别重要，所以，人们就以“时辰”一词代表时间。

前面说到，在十二时辰里，辰时专指早上7—9时。9时以后，太阳已经高高挂在天上了，人们称此时段为“杲”（gǎo）。《说文解字》将其解释为明亮。比如，《诗经》云：“其雨其雨，杲杲出日。”其意思是天要下雨就下雨，却偏偏出个太阳，亮灿灿。从“早”字推断，“杲”就是指“太阳升到林木上面”。当然，林木的高度远远超过草，所以“杲”在时间上是紧接着“早”的，可能在9时至11时之间。

◎画出来的“晌”

过了“杲”，太阳几乎就升到一天中的最高位置了，这个时段在古代被称为“晌”或“午”，并称“晌午”。“晌”是个会意字，由“日”与“向”构成。“向”的本义是窗子，由于年代太过久远，今天已经用不到这个意思了。但在《诗经》中，我们还能发现一些痕迹。比如，其中有一句叫“塞向墐户”（关紧迎风的窗子，用泥巴糊住透风的门缝）。“向”加上一个“日”字旁呢？意指太阳升得很高，阳光已从窗子外面射入。这时候大约在11时至下午1时之间。

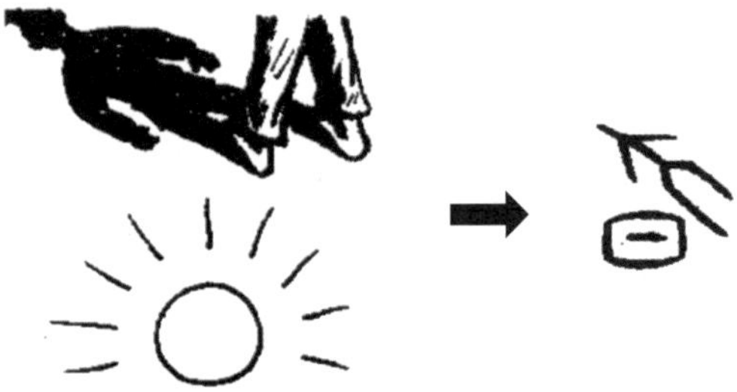

◎下午太阳西斜，人影被拉长

到了下午，太阳渐渐开始下山，情况与上午相反。于是，专用计时字“昃”（zè）应运而生。它的甲骨文“”画着一轮太阳与倾斜的人影，代表太阳西斜，人影被拉长。“昃”的准确含

义是“太阳偏西”，时间在下午1时之后。

随着太阳越落越低，终于有一刻，远远看去，它仿佛“落”到了草丛里。想必聪明的你肯定能猜到：难道又产生了新的汉字？没错，这时候就是“暮”了。我们看它的写法：四周遍布着“屮”，中间为“日”（如A图所示）；还有一种加上了鸟（如B图所示），表示“天已暮，鸟归林，人何处”的黄昏意象，颇具诗意。

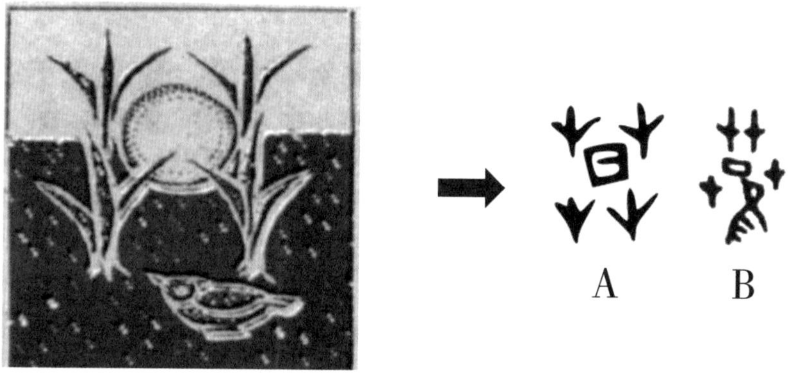

◎画出来的“暮”

提到黄昏的“昏”，不禁让人联想起上古历史的隐秘。其上部“氏”的甲骨文为“”，表示低垂的“低”，下部为“日”，合起来表示太阳低垂（至地面），与暮的意思相近。事实上，基于昏的汉字演化非常多，最常见的如“婚”。

简单地说，人们观察日出日落时，把昼的过程，根据不同时段，详细做了区分，绝不仅仅是消遣，而是有着深远的现实意义。

文化加餐

“婚”：黄昏下的特别行动

日头在天边落尽，大地上最后一缕阳光消失，天色完全暗下来。晚霞由火烧云变成灰云、黑云。此刻，远古部落的一支队伍出现在原野上。他们身穿黑衣、面涂烟煤，扮作匪徒，趁着昏色掩护，浩浩荡荡出发去抢邻近部落的女子成亲。这就是古代的“抢婚”。

“婚”和“昏”关系密切，甚至曾经可以互换。这是因为男女间的幽会，多发生于光线暗淡的傍晚。“抢婚”就是这类行动的“高潮”。如今，“妻”这个字依然留有上古时期的造字痕迹：其由“十”（通常解读为变形的手，也有说是带发簪的长发），“彐”（中间一笔出头，也是“手”）和“女”组成，本义就是“女子被擒的样子”。这种婚俗的文化基因，不仅我国有，世界各地均能见到，比如日语中“妻”与“抓”发音高度相似，即是一例。

如果把一天的时长放大到一年来看，人们依旧可以根据同样的思路，依据太阳划分四季与时节。古人把一年分为二十四段，每段约15天，创造了我们熟悉的二十四节气，如春分、夏至、秋分、冬至等。

天空的“路标”

根据太阳的位置，人们还能判断方位。人类在起源之初，生存主要靠狩猎和采集。辨别方向的技能特别重要，因为这能确保他们怎么出去再怎么回来，不至于迷路。特别是树林里的浆果和块茎，过一段时间就吃光了，他们必须时常迁移。因此，仅靠山脉、湖泊、河流等“路标”远远不够，于是人类将目光投向了永恒的天体——太阳。

住在海边的居民发现：无论走多远，只要朝着太阳初升的方向走，总能回到熟悉的海岸线。森林部落也观察到类似规律：太阳从树冠缝隙间升起，沿着这个方向行进，就能找到回家的路。经过漫长岁月，人们终于明白：这个太阳升起的方向，代表着一个永恒的方位，他们将其命名为“东”。繁体字“東”至今仍保留着“日出于木中”的形象，仿佛能看见远古人类在森林中追逐太阳的身影，这正是太阳升起于森林之中的生动烙印。

有了“东”，反方向就好确定了。那正是夕阳西下的方向，也是鸟儿归巢和栖息之处，古人将之称为“西”。西的甲骨文“”很像一个鸟巢，在发音上又非常接近“栖”或“息”，这真的很有趣。当东、西确定之后，垂直方向上的南与北，也就很好辨认了。我国大部分地区正午太阳所在的方向为南，与之相对的是北。可以说，借助太阳来确定时间和方位，是古人生存的必备技能。虽然这种方式不是很精确，但足以满足早期人类的生存需求。由此可见，天文为人类进步做出了莫大的贡献。

地理知识提要：

★ 昼夜划分的唯一依据是日出日落。日出代表白天开始，日落则相反。

★ 一天之中，正午时太阳升得最高，白昼也以此为界，分为上午和下午。

★ 方位与太阳的关系密切，日出为东方，日落为西方，南北方向与东西方向垂直。

第二章

天上的故乡

说说“月亮”那些事儿

本章思维导图

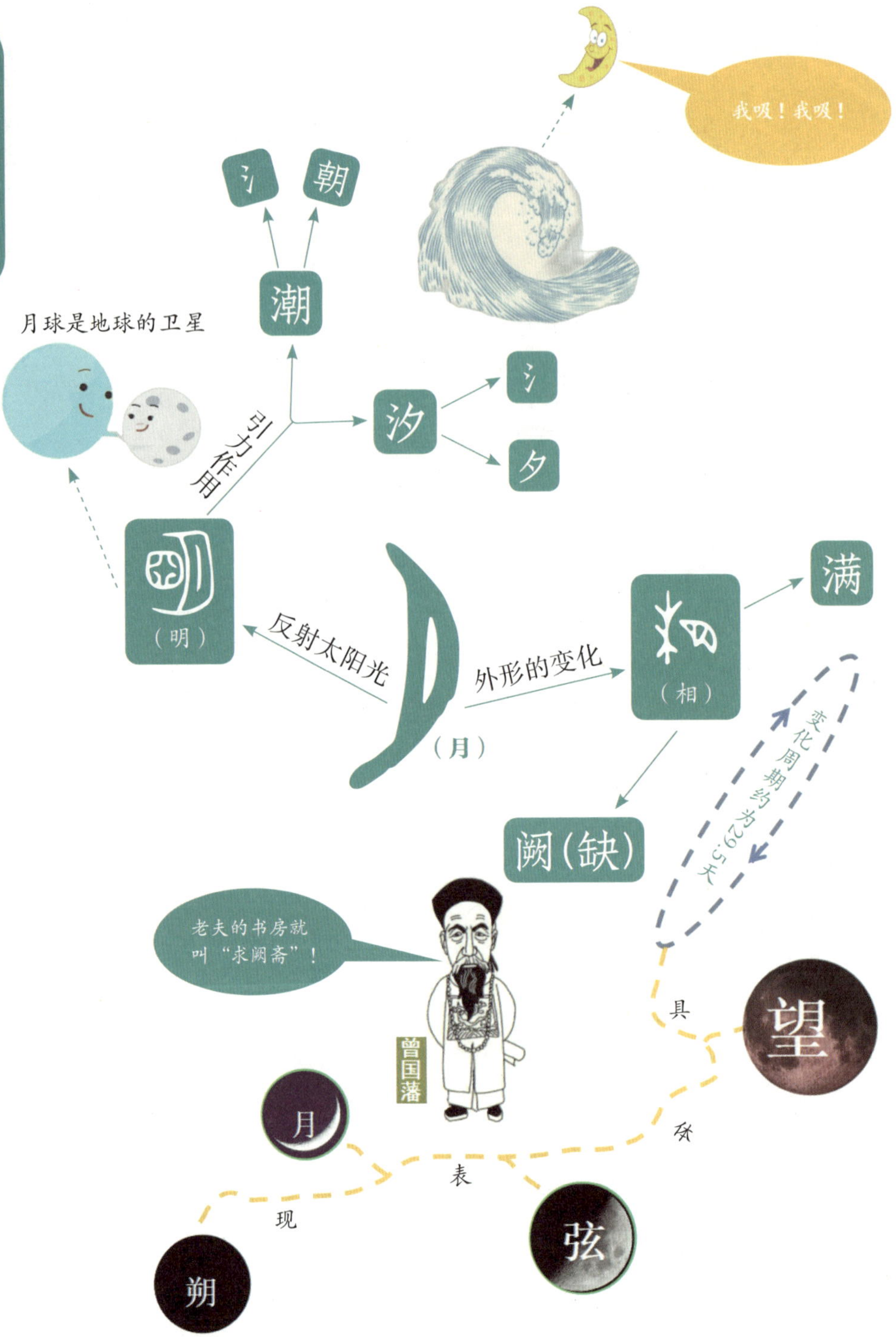
我吸！我吸！
氵
朝
潮
月球是地球的卫星
引力作用
汐
氵
夕
（明）
反射太阳光
（月）
外形的变化
（相）
满
阙（缺）
变化周期约为29.5天
老夫的书房就叫“求阙斋”！
曾国藩
具体表现
望
弦
月
朔

[字源]

月明星稀，乌鹊南飞。

——《短歌行》

[字解]

一般而言，当我们看到甲骨文“”时，就能猜出这是个“明”字。左边为“”（太阳），右边为“”（月亮），合起来表示“日月同辉”。我们知道，太阳是世界的光明之源，明亮、耀眼；月亮也有自己的光辉，皎洁、淡雅。它俩加在一块儿，成了“明”，岂不完美？

但实际情况并非如此。“朝”的字面意思是太阳、月亮都“落”在草丛中——指它们在天空中的位置很低，几乎贴近地平线。从天文的角度看，这种情况的确是存在的。太阳刚升起，而月亮尚未落，此时多为清晨，天空也不算太亮，怎么能表示“明亮”的含义呢？

“明”的金文写法，有、、等；“日”的那部分，其实写作“”，那是一面窗户的象形文字。你可能会说，这不是网上流行的那个表示尴尬、无奈的“囧”吗？没错，正是这个字！它是个象形字，本义表示窗户。

现在，我们可以确定，“明”由“囧”和“月”组合而成，指“月光透过窗格子照入屋内”。曹操写的“月明星稀，乌鹊南飞”，李白写的“床前明月光，疑是地上霜”，用的正是它最朴素的含义。

[字变]

甲骨文　金文　篆书　楷书

早期的“明”字，写成“朙”，由“囧”与“月”组成。但其造型并不稳定，到了金文、篆书之后，整体结构已趋稳定。由于古代没有打印机，文字均靠手写，“”被后人错写成“（目）”，“明”即“眀”。今天，无论是“朙”还是“眀”，都很少见，基本被“明”取代了。

[字说地理]

月是故乡“明”

关于天文，除了太阳，人们最熟悉的就非月亮莫属了。在天空中，太阳负责“上半场”——白天，人们工作、创造；月亮呢，就负责“下半场”——夜晚，人们休息、娱乐。

那么，在表示“光亮”的汉字“明”中，为什么造字者设计了月亮，而不是太阳呢？这个需要脑洞大开的问题，我们或许很难找到直接的答案。不过，由于光亮与幽暗相对，夜幕中的明月，辉耀四方，更能突出亮的特征。简单地说，月最显著的天文特征就是“亮”。越是在伸手不见五指的夜晚，它的光芒就越是突出、珍贵。特别是由于黑暗给人们带来恐惧，这时候，柔和且静寂的月光就成了一种心灵上的鼓舞，有了它人们才能从事夜间的活动。

月球是最靠近我们的天然卫星，与地球之间的平均距离仅有38万千米。它可能是最先诱使我们祖先进行天文观测的天体——太阳光过于耀眼，人们无法长时间观测，而月光不仅皎洁，月球还有独树一帜的“面相”。这一“面相”让月球变得与众不同：一是它足够大，大到成为夜晚天空的主宰；二是它有迷人的“面容”，也就是月面上的阴影部分，千万年来，始终如一，引人遐想。

在地球上看起来，月球和太阳一般大，但事实并没有这么简单。月球是地球的卫星，它绕着地球转动的轨道，就如同所有天

◎开普勒肖像

体一样，人们世世代代都以为是圆形的。直到四百多年前，一个名叫开普勒的德国天文学家改变了这个局面。他异常聪明，青少年时期就是村里有名的“学霸”。当时的前辈、丹麦天文学家第谷特别欣赏这个小伙子，给他提供了不少观测资料。这位第谷先生最大的本事，就是观察记录的精准度一骑绝尘，远超所有同行。

但仅有宝贵资料还不够，如何大海捞针般地找出其中的隐秘？一般人恐怕早已望而却步了，开普勒却迎难而上，在没有电脑的时代，无数次枯燥、烦琐、重复的手工计算，伴随他走过了六年没日没夜的时光。1609年，他终于在出版的《新天文学》一书中，首次提出天体运行的轨道为椭圆形，并从数学的角度予以完整证明。人类数千年来的天文认知，由此迈进了一大步。由于月球距离地球实在太近，这种轨道的影响就凸显出来。

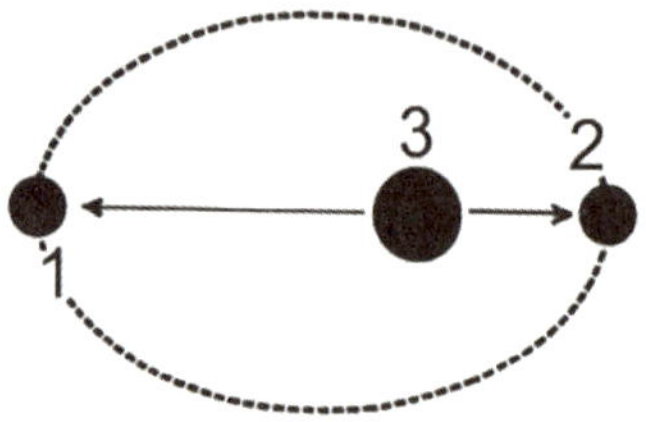

◎月球绕地球运行轨道示意图

如左图，3表示地球，当月球在位置1时，离地球最远，距离约为40.6万千米，它在地球上看起来明显小于太阳；当处在位置2时，它距离地球约36.3万千米，又比太阳大一些。于是，就出现了下面的神奇情况：当月球离地球特别近，而且又是满月时，它会比平时“胖”14%，有“超级月亮”的美称。此时，月光会明亮许多，亮度几乎增加了三分

◎超级月亮与普通满月的对比（局部）

之一。“月到中秋分外明”就是这个道理。游子举目望月，思乡之情也会浓烈不少。

据《史记》记载，人们祭拜八个神仙，月神排第六，日神排第七。传统佳节中，与太阳相关的不多，倒是元宵节、中秋节这样的重大节日，均与月亮紧密相关。不难看出，“月是故乡明”并不是一句空话。

潮涨汐落的锁定

月亮并不仅仅能照亮星空，还能照亮人们的精神。在古代文人的世界里，月亮是他们遥寄衷肠的媒介，“我寄愁心与明月，随风直到夜郎西”，好友之间万里相隔，唯以明月传达心意；月也是孤独时的心灵伴侣，“明月几时有，把酒问青天”……诗人那么爱写月亮，有什么原因吗？

或许，有很多原因吧。不过其中最有名的，是人们认为月亮类似于某种特殊的“时空虫洞”，通过它，大家可以和千里之外的某个人、千年之前的某个人产生联系。说实话，在思乡这件事上，再没有比月亮更好的媒介了。那么，从天文的角度看，月亮迷人的“面容”究竟是怎么回事呢？

月球几乎和地球同时诞生，距今已有46亿年。它本身不能发光，只能反射太阳光。这也是月光为什么没有阳光那般炽热，以清冷为主的原因。不妨设想：假如航天员站在月球上看地球，地球同样在发光，会发出那种平和、恬静、清雅的幽光。

不管时间如何流逝，人们和前辈总是能“共婵娟”，这对于寄托思念、感怀，抒发追古忆今之情，再合适不过了。

◎从月球眺望地球的想象图

为什么月亮不会变“脸”呢？从天文角度来说，这源于潮汐锁定。“潮”“汐”都是会意字。“夕”与“月”，从字形上看，有点像双胞胎——没错，在古代，它俩很像，都可以用来表示夜晚。加上“氵”之后，“汐”代表每到夜晚的某个时刻，海水会有明显的涨落现象。“潮”也代表海水的涨落现象，只是时间变成早上而已。

◎潮汐：地球的“呼吸”

潮汐是海水在天体引潮力的作用下所产生的周期性运动。它如同地球的呼吸、脉搏，每天都会准时涨落。月球引力是地球上出现潮汐的主要原因。生活在海边的人都知道，海水每天都会有两次涨潮和两次退潮。退潮的时候，原本浸泡在水里的土地会裸露在空气中，年年岁岁，往复循环。这很可能是亿万年前生物由海洋移居陆地的重要原因。经过时代的演化，这些登陆的鱼类长出了肺，鱼鳍慢慢演化成四肢，后来它们在缺水的干燥地带也能行动自如。

知识拓展

泥潭奇士

战国时，楚威王想请庄子辅佐自己治国，就派出两位使者前去礼聘。正在钓鱼的庄子听明使者的来意后，气定神闲地说道："我听说楚国有一只神龟，已经死了三千年了，如今被珍藏在庙堂之上。你们说，这只龟是刮骨留名，被供在庙堂上好呢，还是保全性命，拖着尾巴活在污泥中好呢？"

这就是《庄子》中"曳尾涂中"的故事，比喻不图虚名妄利而过隐逸的寻常生活。回到现实中来，大千世界，喜欢在烂泥中惬意地摇晃尾巴的动物确实存在，但不是神龟，而是大弹涂鱼。

◎弹涂鱼

大弹涂鱼广泛分布在东亚地区，除了中国，朝鲜和日本也有很多。它体长约10～20厘米，是一种典型的潮间带生物。所谓“潮间带”，是指在潮汐作用下，涨潮时被海水淹没，退潮时又露出水面的陆地。依靠发达的胸鳍，大弹涂鱼匍匐或跳跃于滩涂上，退潮时在滩涂上觅食，主要采食一些人们肉眼不可见的浮游植物，如底栖硅藻等。

神奇的是，大弹涂鱼是一种两栖的鱼，既能在水中畅游，又能在岸上蹦跶。我们知道，普通鱼类用鳃从水里吸取氧气，离开水就无法呼吸。而大弹涂鱼在漫长的演化过程中，学会了将水洼中喝到的水储存在鳃腔里，通过模拟水中的环境，用鳃来呼吸。

除此之外，大弹涂鱼还可以凭借皮肤和口腔黏膜来摄取空气中的氧气。它的皮肤只有0.2毫米厚，对于干燥环境非常敏感，所以，为了更好地透气，它需要经常在泥土上翻滚，用泥土覆盖全身，避免水分蒸发。当身体快被太阳晒干时，大弹涂鱼也会迅速爬入水洼中保持身体湿润，然后再游出水洼继续觅食。

潮汐，对人类而言用处非常大。就军事来说，不少著名的战役都少不了它的“催化”。1950年朝鲜战争爆发后，美国“联合国军”总司令麦克阿瑟为进一步扩大侵朝战争，准备从仁川登陆。可仁川港潮水变化大，退潮后近岸淤泥滩长达5千米，部队一旦暴露在泥滩上，就成了活靶子。于是，仁川历来被视为登陆禁区。

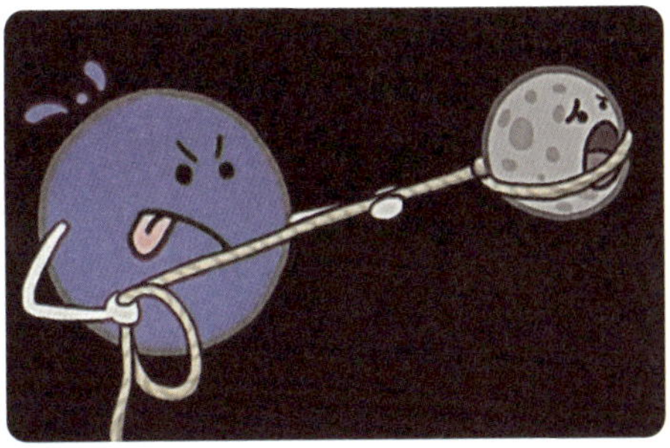

◎地球对月球具有强大的“引力”束缚

但从天文角度来看，也不是没有机会。比如，每月农历十五或十六的晚上，月球最明亮。那时候，月球对地球的引力作用最强，潮水会在短时间内比平时升高数米，从而把险要的飞鱼峡和长长的淤泥滩淹没。麦克阿瑟根据这一特点，果断乘机登陆并取得成功。

地球和月球之间，的确存在着引起潮水涨落的力。简单地说，质量大、个头大的地球像超大的磁石，吸引着月球绕着自己转动。这一过程中，月球还憋足了劲儿自转。它朝向地球的那一面，由于离地球最近，受到的引力也最强，每当要转往旁边时，都比较费劲，因为地球的引力总试图“拽”它回来，以保持和地球“面对面”的状态。

大家不妨这样想象：地球用一根绳子绑着月球，每当月球想转到背面去时，地球就用绳子再把它拉回来。起初，月球还能挣脱绳子，但消耗了很多力气，自转的速度变得越来越慢……直到有一天，它力气不够了，被地球的绳子给彻底绑住。它朝向地球的一面，再也无法转走，结果就永远地、不可逆转地面朝着地球转了。到了这一步，月球就算彻底被地球给“锁定”了。

苏轼曾感叹：“明月几时有，把酒问青天。”从潮汐锁定的科学视角说，“明月”每时每分都对着地球，想有就有，怎么还要“问青天”呢？原来，他所指的“明月”，不是“明亮之月”，而特指满月。既然已被地球牢牢锁死，月亮怎么还会悠然自得地时阴时晴、时满时缺呢？

我们将在下一课中揭晓答案。

地理知识提要：

★ 月球是地球的卫星，通过反射太阳光而被我们看见。

★ 月球是地球最近的天然卫星，平均距离为38.4万千米。

★ 潮汐是海水在天体引潮力的作用下所产生的周期性运动，月球引力是其产生的主要原因。

★ 地球对月球的“潮汐锁定”，使月球永远以同一张“脸”朝向地球。

[字源]

月，阙也。大阴之精，象形。

——《说文解字》

[字解]

一看“月”的外形，几乎不用做任何说明，我们就能猜到这是一弯细细的月牙。汉字初创的时期，“夕”字也是这样的。在历史的长河中，“月”与“夕”交织在一起很久，最终才完全分割，形成各自的固定含义。《说文解字》说“月”代表着“缺”。

许慎为什么要用“阙（缺）”来描述月亮呢？这涉及一个基本的问题：月亮明明也有圆满的时候，何不画一个圆圈呢？原因有两方面：一是与“日”字区分，否则容易引起混淆；二是满月毕竟很少见，而缺月更能代表常态。

同时，“月”与“阙”在发音上相近，暗示着两者还有更深层的联系，比较重要的一点，就是价值观念：古人不断求精进，求进步，但不求绝对的圆满，因为“满月”之后，必然是“缺月”，以人生来比照，就是下坡路。曾国藩深谙此道，他的书房叫“求阙斋”，意思是现在做得还不够好，得撸起袖子加油干！

[字变]

甲骨文　金文　篆书　楷书

“月”的甲骨文有多种模样，如“”“”等。金文“”承续甲骨文字形，篆书“”承续甲骨文字形。因为月亮出现在夜晚，其光线又缺乏热量，古人称之为“太阴”，与出现在白天、光线充满热量的“太阳”相对。许慎说月亮是“大阴之精”（宇宙间太阴的精魂），道理相同。

[字说地理]

精确的计“时”者

“月”是一个自带不少天文知识的汉字，要是评选“最有天文价值”的汉字，它肯定是候选者之一。“月”字的诞生，正如许慎所说，是一种象形的结果。造字者抬头望月，真实地把它的形状描摹了下来。但在无数的早期汉字中，我们看到的，基本上是“”这种右边亮的月牙，而反过来的“”却不太多见。

你现在可以想一想，身边熟悉的那些带“月”字旁的汉字，如“期”“望”“朔”“明”“阴”等，只有“月”在右边的，才真正和月亮有关。反过来说，如果“月”在左边或下边，多与“月”无关。如“脸”“腿”“腰”“胸”。这些字的偏旁本是“”，即“肉”，因与“月”很像，后来都写成“月”了。“前”“服”“朕”“俞”，这些字与“舟”有关，只有极少数与月亮有关。

这里面究竟有什么玄机呢？答案就是月相。所谓“相”，甲骨文作“”，表示眼睛（“”）一直在仔细观察树木（“”）。远古之时，密林遍布，目之所及，郁郁葱葱。但森林深处往往隐藏着危险，只有睁大双眼，仔细观察，才能化险为夷。因此，“相”的本义是“仔细观察”，如成语“相机而动”。“月相”也就是指人们经过仔细观察所看到的月亮形状。

科学外话

月球的起源

科学家猜测，太阳系形成初期，一颗火星大小的星体碰撞地球。在天崩地裂般的灾害发生后，撞击所形成的部分高温熔融物质，留存在地球轨道附近。当它们冷却下来后，形成固态团块，最终聚集在一起形成了月球。

◎地球受“天外来客”撞击的想象图

可以说，从月球诞生之日起，它就在地球引力的作用下，围绕地球公转。与此同时，地球又受到太阳引力的束缚，不断绕着太阳转动。这样，地、月、日三个天体的空间位置不断发生着变化，有时呈折线，有时又垂直，有时干脆连成一排，由此产生的日食、月食等天文现象，曾经困惑了人类许久。

当然，如果耐心地“相”，还是能找到月相变化规律的。比如，平均而言，月亮的位置变化每29.5天完成一次循环。于是，我们在地球上看，月亮的阴晴圆缺就像时钟一样，精确、稳定、亘古不变。对此，你可别不屑一顾。这一规律的发现非常重要，简直是人类摆脱愚昧、走向文明的标志之一。

原来，古人通过观察日出日落，可以判断一天有多长，但如果需要计算更长的时间，一天天地数日子就不方便了。这时月亮的作用就凸显了出来。一夜接着一夜地观测，我们的祖先看到月亮圆缺的变化，甚至有几个夜晚月亮玩起了“失踪”。但只要耐心等待，月牙会重新出现，渐渐变回圆月。

“朔”夜的异象

想象一下：当圆月升起的时候，部落来到一片树林边。他们走近林子一瞧，发现树上挂着的果实还没有熟。这时有经验的老人说话了：“大家先别摘，等下一次见到圆月的时候，这些果子就可以吃了！”于是，大家一边赶到更远的地方去寻找食物，一边计算着日子，以便准时回来摘果子。

可是，在那个时代，记数字真是非常麻烦。计算日子可不像数数那样，把鹿、野猪等猎物排成一排，扳起指头去数。时间不等人，一去不复返呀！他们只好在石头上刻一道痕，表示一天，再刻一道，表示两天。久而久之，终于有人发现两次月圆之间的间隔，总是约30天，于是人们就用大一点儿的刻痕表示满月。

这大约30天内的月相，由于规律性特别明显，于是古人分别造出不同的字来对应不同的阶段。比如，每个月的初一晚上，如同小说里描述的“月黑风高夜”，耳听瑟瑟风声，伸手却不见五指，叫人心里瘆得慌，很多恐怖片都喜欢营造这样的气氛。这一天叫作“朔”。我国东汉末年，有一部专门探求事物名称起源的书，叫《释名》，其中把“朔”解释为“月初之名也”。

为什么朔代表每个月的第一天呢？这还得从汉字上找答案：其左半部是“屰”（“逆”的最初写法），金文的样子是“”，是一个倒立的“”（人）的模样，意为“反向、相反”。“屰”与“月”组合后，表示“旧月消逝，新月复生”。如果从月相看，上个月最后能见到的月亮是“”，下个月最先露出的月亮是“”，它们看起来恰好相反。

事实上，朔这一天，夜晚是见不到月亮的。即便如此，人们还是把这个欲露还羞的月亮叫“新月”——像新娘子一样羞答答不肯见人。此时，它跑到地球和太阳的正中间，与太阳同升同落。白天，它被掩没在太阳刺眼的光辉下；傍晚，又随太阳一道下山，所以是无法看到的。

朔在天文上很有影响。月球处在地球与太阳之间，三者连线，不一定是直线，且月球轨道平面（下图中的蓝色平面）与地球轨道平面（下图中的黄色平面）存在交角。大家可以理解成月球的位置偏高或偏低，当然，也有偶尔正好与太阳、地球连成一条直线的时候。地球上这一天常会发生一些“异样”。拿两千多年前的《春秋》来说，里面记载的日食现象有30多次，均发生于朔日；《诗经》中记载的1次日食，也正好是出现在这一天。实际上，日食虽然少见，但只在朔日出现。

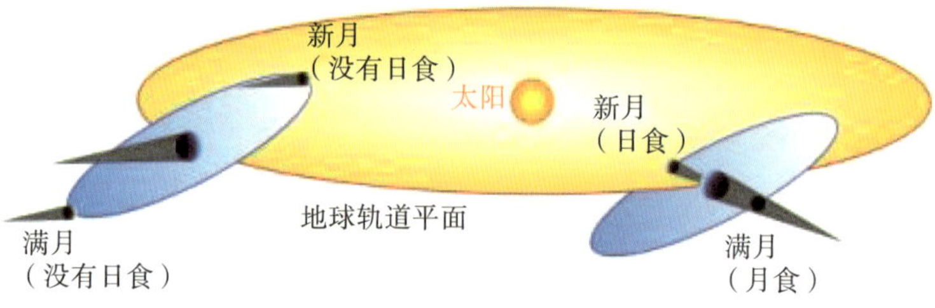

◎月球斜着身子绕着地球公转

圆缺自有期

过了朔，来到农历初三、初四，本文的“主咖”才真正现身。它被唤作“蛾眉月”，模样正是“☽”（如下图）。蛾眉月的名称由来，源自其形如蚕蛾触角般细长的弯月状态。这一名称最早可追溯至《诗经》中“螓（qín）首蛾眉”的描述，表示“宽宽的额头，弯而细长的眉毛”。这时的月亮特别纤细，人们用“弯眉”“弯钩”等词语来形容它。因其出现在农历上半月，又称“上蛾眉月”。

◎蛾眉月

文化加餐

蛾眉月的秘密

你有没有想过，为什么古人造“月”这个字，会取象于蛾眉月？这与月相出现的时间密切相关。

农历每月初三或初四，当太阳西沉时，蛾眉月便会出现在西方低空。这段黄金时间，电视台正播放着新闻或其他电视节目，上海的餐馆里人声鼎沸，广州的大街上车水马龙。试想没有电视可看、没有夜市可逛的古人，他们或许正仰望着夜空，而“☽”往往是天上最醒目的标志。正如唐代诗人白居易在《暮江吟》中所写：“可怜九月初三夜，露似真珠月似弓”。这轮像弯弓一样，充满诗意的月亮，就是蛾眉月。

蛾眉月通常在晚上九点左右才渐渐消失。它现身时恰好对应古人结束劳作、进行社交的活跃时间段，自然令人们印象深刻。所以在造字时，“☽”便被定格为“月”字的雏形，沿用至今。

◎上弦月

随后，月亮不断“长大”而变成弦月。什么是“弦”呢？它的本义是“连接圆弧的两个端点的线段”（见左图中的线段*AB*），天文学中特指月相呈半圆形态的阶段。《释名》写得很明白：“弦，月半之名也，其形一旁曲，一旁直，若张弓施弦也。”

我们把初七、初八的弦月，叫上弦月，“上”字既有“上半夜”的意思，也指“上旬”，即在每个月的初十之前。从汉字“月”的角度来说，我们也能见到甲骨文“☽”中间，正是一道竖线。这符合客观实际，因为上弦月通常在日落时挂在天上，直到子夜才隐没，人们对它的印象也比较深刻。

等到农历十二、十三，月亮看起来更大，成了上凸月；再过几天，到农历十五时，月亮终于圆圆满满，成为李白口中的“白玉盘”，更成为千古吟诵、寄托思念的不二之选。代表着满月的这一天，古人称之为“望”。其颇具科学依据：农历十五或十六日，地球上看到的月亮是月亮的受光面，此时日、月分别在地球两边。如果角度适当，月亮恰好钻进地球的影子，月食就产生了。当太阳下山时，月亮“打卡上班”；当月亮出来时，太阳“打卡下班”。它俩在清晨或黄昏时，总是一东一西地遥遥相望，故名“望”。

满月之后，月亮开始慢慢变暗、变细，依次呈现下凸月、下弦月和下蛾眉月，其亮面朝向与上半月相反（见下图5、6、7）。它们的升起时间依次推迟3小时，即分别在21时、24时和凌晨3时升起，对应的落下时间则为次日的9时、12时、15时。

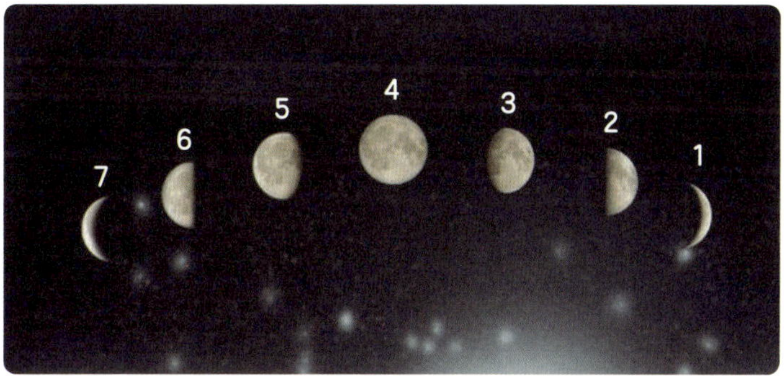

◎月相

换句话说，这些月相主要出现在后半夜或白天的天空中，我们很难看得见。等到农历月的最后一天到来时，月亮彻底消失不见，这种现象被称为“晦”。或许有人要问：“晦”怎么是“日”字旁？答案并不复杂：“月”既然不见了，那光芒只能来自代表白天的“日”了。

好了，我们的月亮探索之旅就要告一段落了。最后，再附赠大家两个“福利”。其一，有人或许会担心：上蛾眉月“☽”与下蛾眉月“☾”太像了，我们不小心混淆了怎么办？没关系，我们可以求助于汉字："☽"像汉字笔画的"撇（丿）"，"☾"像汉字笔画中的"捺（㇏）"。如同我们写字一样，总是先撇后捺，月相的变化规律，也是先出现"☽"，后出现"☾"。

其二，月相的变化，满足了人们对计算较长时间的需要。但是，如果仍然不够用呢，有什么计算更长时间的好办法吗？在无数次的月复一月之后，古人觉察到月相与季节也存在一定关系。比如，经过12次满月，大概360天后，正好春、夏、秋、冬四季轮回一次。于是，"年"的概念就诞生了。

地理知识提要：

★ 月相指地球上看到的月球被太阳照亮的部分。随着月球每天在星空中移动一大段距离，它的形状也在不断地变化着。

★ 农历每月初一称为"朔"，月球背向太阳，黑暗面朝向地球，因此无法被观测到。农历每月十五通常称为"望"，此时形成满月，是月相最明亮的阶段。

★ 上蛾眉月在日落时就可见到，并持续到21时左右，是人们最熟悉的月相之一。

第三章

穹宇之上

说说“大气”那些事儿

本章思维导图

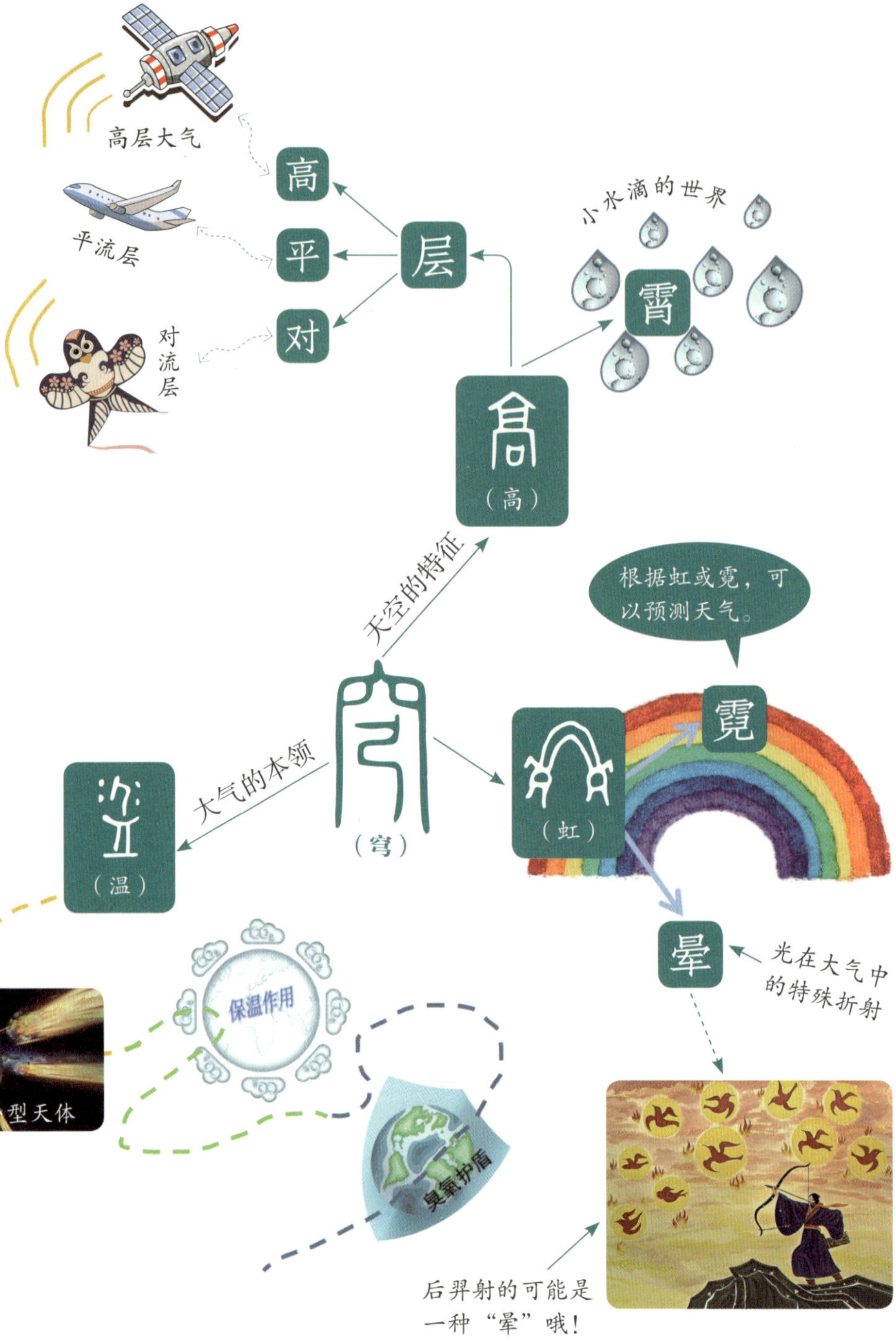

高层大气
平流层
对流层
高
平
对
层
小水滴的世界
霄
(高)
天空的特征
根据虹或霓，可以预测天气。
霓
(虹)
大气的本领
(穹)
(温)
晕
光在大气中的特殊折射
保温作用
燃烧的小型天体
臭氧护盾
后羿射的可能是一种“晕”哦！

[字源]

天似穹庐，笼盖四野。

——北朝民歌

[字解]

从篆书“”来看，它由“”（即“穴”，表示“山洞”）和“”（即“弓”，表示拱形、弧形）共同组成。《说文解字》中说：“穹，穷也。从穴，弓声。”由此可知，“穹”的本义和“穷”相通，表示穷尽、极的意思。同时，它还有“高”“大”的意思，这在《尔雅》《玉篇》等古籍中都有记载。

当然，“天空”才是它最为人所熟知的意思。“穹庐”这个词，非常有意境，表示天空像一个“笼盖四野”的圆顶帐篷。人类社会的一切存在（包括人、事、物）都被包容在这辽阔无边的苍穹之下；所有天体，如太阳、月亮、星星，又都运行于穹宇之上。我们想观测、计量、推算的，或者是描绘、赞美、吟诵的，都是它。

[字变]

篆书　　隶书　　楷书

“穹”是一个出现较晚的汉字，甲骨文、金文中都没有它的踪迹。自从在篆书中现身后，几乎就没有经历过太大的变化。值得一提的是，穹有几个异体字，其中之一写成“穹”，也就是用“宀”替代了“穴”。“宀”在甲骨文中常作“”，形如房屋，和“穴”的含义相近，均是中间隆起、四周较低的样子。

[字说地理]

“穹”盖四野

“穹”后来因为天空的高远而被引申为天空的代称，所以谈“穹”，就不得不从“天”说起。天的甲骨文“”，是一个萌萌的大头人形，后来逐步用一横指代脑袋，如金文中就写成“”，与今天的样子已经差不多了。鲜有人知的是，天原指人的头顶，经过引申，表示头顶以上的广阔空间。

我国人民自古就认为天（包括天空在内的大自然）与人（人类社会）是高度相关的，并把自己看作大自然的一部分。“敬天法祖”成为一种古老的信仰。在先祖眼中，天地哺育众生，是最高的“神明”；最高的天神是“昊天上帝”；代表天神管理人间的叫“天子”。大家可以从这些名称中体会天在悠悠中华文明中的重要意义。

古时候，天子会定期举行祭天仪式，传说中这是人与天的一种约定。最著名的祭祀之地，是“离天最近”的泰山（其实只是在我国华北地区最高）。历代王朝——虽然我国历史上经历过许多朝代——像约好了一样，由天子在此主持祭天仪式的传统，一直没有中断。

祭天仪式使用的祭坛一般为圆形，称为“圜丘”，寓意为“天圆地方”。在古文字中，关于圆形这一概念的用字也是很有讲究的：如果是天，就用“圜”；如果是二维的平面，如水面、墙面、地面等，则用“圆”；如果是三维的球体，像西瓜、玻璃珠等，便用“圓”。“圜”的特殊之处在于它既不是二维平面，也不是三维立体，而是对天穹形态的抽象概括。它到底是什么形状呢？我们可通过北朝民歌《敕勒歌》来一窥究竟：“天似穹庐，笼盖四野。”没错，其形状类似于游牧民族所住的毡帐，很像“穹”（穹）的外框“∩”。如果非要画出来，它就是一种中空的半球形曲面（如下页图）。

◎穹庐与毡账

这在古代其他地区的文字上也有体现。比如，“天”在我国云南纳西族的东巴文中写作“”，在古埃及圣书中是“”，在印第安人的玛雅文中又为“”。这些都是独立起源的象形文字，都有点像拱形或球形。看来，古人对天的看法，还是有基本共识的。

当然，“天圆地方”是古人对天地结构的一种想象，有一定的道理，但也麻烦不断。比如，由于天是半球形，而地是方形，二者显然就扣不紧实，于是，又有神话补充说，天由数个巨大无比的大柱子撑在地面上。上古时期的部落首领共工发怒而撞断天柱“不周山”、女娲采石补天等神话，都是由此诞生的。如今，在山东地区，民间流传着一种古老的煎饼制作习俗：人们用铁锅露天摊煎饼，称为“熏天”；摊好的煎饼再用红线挂在房檐上，称为“补天漏”。这种习俗也许正是上古传说的延续。

凌“霄”九重

从科学的角度来说，无论天空是半球形还是球形，现实中都有一个对应的模型：大气层。我们通常理解的天空，相当部分是指大气层范围内的空间，有时候也包括大气层之外的浩渺宇宙。但无论哪一种，基本都得和大气层“打交道”。

大气层由氮气、氧气等气体混合组成，同时包含水汽、尘埃等物质。这个看似浅显的知识，科学家直到19世纪才搞清楚。拿我们熟悉的氧气来说，当从国际空间站观测地球时，在弧形地平线与太空相交处，偶尔会看到一层薄薄的绿色辉光（左下图），就像魔法中的结界一样，非常迷人。这其实是氧气在阳光作用下产生的现象。再如水汽，当潮湿空气上升到低温高空时就会凝结成小水珠或冰晶，大量聚集后，就形成了婀娜多姿、来去不定的云彩（右下图）。

◎太空视角下的大气层

天空看起来空荡荡，其实它还真不是空的。俗话说“天高任鸟飞”，但离开了大气层，鸟根本飞不起来。那大气层有什么样的基本特征呢？为了回答这一问题，我们还得继续探究“穹”这个字。

“穹”可以指天空的高。庄子《逍遥游》中的“鲲鹏展翅九万里”，可以算作古人对天有多高的理解。当然，这里的“九”是一个虚数，借指极大。那科学家眼中的大气层，有多高呢？

古人以“霄”或“云”来代表大气层，九霄云外是说天分九重（“重”可以理解为“层”），九重之外才是外太空。当然，和“鲲鹏展翅九万里”相比，这里的“九”虽然也是虚数，但已代表古人具有分层的概念。实际上，复杂的大气层可以不断细分，层数不一，为求简便，我们略述为三层：对流层、平流层和高层大气。

对流层是大气的最低层，最接地气，其高度通常在8千米至17千米。这里集中了大气层中约四分之三的大气质量和几乎全部的水汽。人类及其他生物，须臾离不开它。什么是“对流”呢？我们来举例说明：烧水时，底层的水向上冒，表层的水向下沉；放风筝时，风筝随着气流不断升高……其实，对流就是指冷暖空气相对流动。由于对流层下热上冷，造成近地面热气上升、高空冷气下降，这可就麻烦了：两者性质不同，却时常在空中遭遇，于是就折腾个不停，闪电雷暴、狂风骤雨都纷纷登场。

这一过程，聪慧的古人仅用一个“五”字，就记录下来了。对，你没看错，就是数字“五”。“五”的甲骨文为“”，金文为“”，篆书、隶书字形也相近。该字上面一横代表天，下面一横代表地，“X”代表阴阳之气在天地间交错，进而产生金、木、水、火、土五种基本物质。阴阳和五行是我们祖先对世界

朴素而深刻的认知，也是留给全人类的宝贵财产。如果从整个太阳系的宏观视角看，不妨将五行理解为水星、金星、火星、木星与土星。而从地球上看，尤其是从对流层看，阴阳就是冷气与暖气，五行是其间的风雷雨雪电。符号“乂”非常巧妙地描绘了它们的关系，简直是神来之笔！

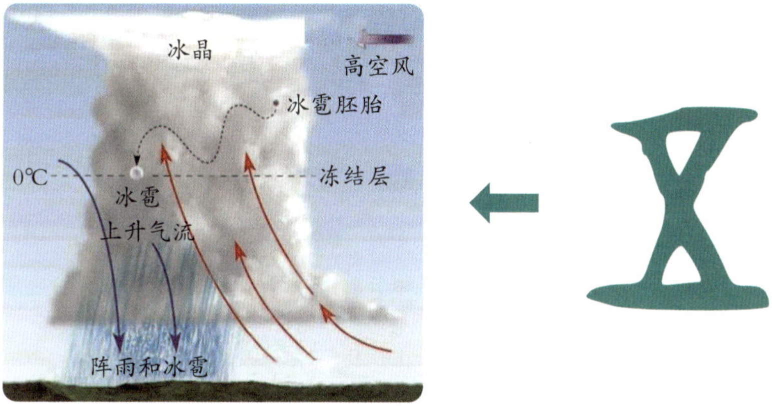

◎对流的汉字表达

对流层的上面，是平流层，指对流层顶以上到离地面约50千米的大气层。有一个有趣的笑话：以《西游记》为代表的中国神话中的神仙，基本生活在对流层里，因为他们总爱竖着飞行（空气有旺盛的上下流动），而以“超人”为代表的西方英雄人物则偏好横着飞行，钟情于平流层。平流层的气流，以水平运动为主，运动的气流很像个“三”字。事实上，全世界的飞机都会选择在平流层飞行，因为此处受力比较稳定，上下颠簸幅度小，便于飞行员操纵架驶，也可减少燃油消耗。

怎么辨认平流层呢？说起来也简单，由于水汽非常稀少（这意味着云朵几乎绝迹），加上又很高，那它就在所有云层的上方。如果看特征，那就是看起来特别蓝。我们看下图就明白了。

◎图中上部蓝得透明的天空，代表平流层；下部层层叠叠、漫无边际的云海，代表对流层

从平流层再往上，可统称为高层大气。这里的气流以对流运动为主，水平运动为辅。流星、极光等天文现象在此出现，高度可达惊人的1000千米。在其非常稀薄的大气顶部，由于地球引力较小，高速运动的气体分子会向宇宙空间逃逸。当然，我们不必担心气体都跑光，因为地球自身也会“抓捕”宇宙中的悬浮气体。

现在，我们终于了解了“穹”的基本分层。下面的思维导图可以帮助大家进一步梳理并理解“穹”的分层知识。

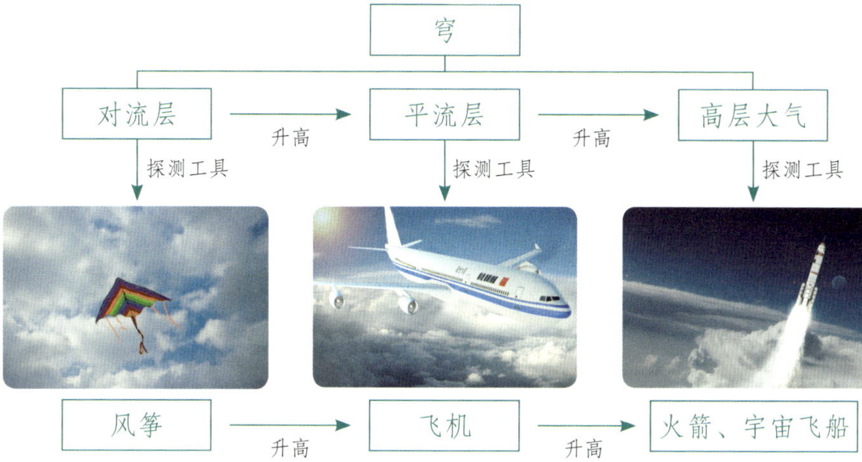

◎大气的分层

不过，“穹”的优秀特性，还远不止这些。比如，它还是庇护生命的巨大“毡帐”，是这个世界欣欣向荣的“保护神”。

地理知识提要：

★ 大气层由氮气、氧气等气体混合组成，同时包含水汽、尘埃等物质。

★ 由低到高，大气层可分为对流层、平流层和高层大气。

★ 对流层高度通常在8千米至17千米，集中了约四分之三的大气质量和几乎全部的水汽；气流以激烈的对流运动为主，天气状况复杂。

★ 平流层的气流以水平运动为主，其水汽含量非常稀少，天气晴好，能见度高，适合飞行。

★ 高层大气非常稀薄，流星、极光等天文现象在此出现。

[字源]

温，渐热也。

——《玉篇·水部》

[字解]

“温”的本义为“暖”，是一个会意字。“温”的甲骨文“”，上半部是一个侧面站立的人，四周有不断腾升的水汽；下半部描绘的是浴盆的形状。“温”所呈现的，是一幅关于洗浴的生动画面。白居易在《长恨歌》中说：“春寒赐浴华清池，温泉水滑洗凝脂。”人在洗澡的时候，自然需要适宜的水温。今天有热水器，可以自由调节水温，古代也可以通过冷、热水的混合来配出适宜的温水。所以，《玉篇》解释“温”为“渐热也”——逐渐升温，直至人体感觉最舒适。看来，“温”还是个特别重视体验感的字。我国浙江的温州，最初得名就是因为它冬无严寒、夏无酷暑、气候四季温润。

[字变]

甲骨文 战国文字 篆书 隶书 楷书

“温”的甲骨文是最形象的，由“人”“水”“盆”三部分组成，战国文字出现了明显变形，篆书中把“人”与“水”合并成了“囚”（本为“泅”，也表示洗澡）。隶书出现了较大变化，“水”成了部首，挪到了左侧，右侧为“昷”，最后在楷书中“温”字定型。

[字说地理]

防弹衣：柔中带刚

地球上的大气层，不是一直都有的，也不会永远存在。但它对所有生命，不分高低贵贱，都是有“温度”和“温情”的——尽管我们习以为常，丝毫感觉不到。今天我们用一个故事去感受它的温暖。

文化加餐

新解“杞人忧天”

古时候，杞国（今河南杞县）有个人，不知道什么缘故，突然担心天会崩塌，整天愁得吃不下饭、睡不着觉。他的朋友知道后，前来开导：“天是由气体集聚而成的，没有一个地方不被它填满。天怎么会崩塌下来呢？”这人问道：“既然天是由气体集聚而来，那天上的日月星辰怎么不掉落下来呢？”朋友继续说：“你看到的只是日月星辰的光而已，光怎么会掉下来砸伤人呢？”杞人听到这里，恍然大悟，终于释怀了。

这个故事叫“杞人忧天”，你一定不陌生吧？《山海经》《淮南子》《史记》等一系列古籍中均有记载。“天似穹庐”的“穹”，不仅不会掉下来砸人，还帮我们免于被无数“天外来客”砸到。迄今为止，人类所能观测到的宇宙空间里，有着数千亿个星系，每个星系平均有上千亿颗恒星。包含地球在内的太阳系，犹如浩渺宇宙中飘散的一粒微尘。在太阳系内，有无数的小行星，光火星和木星之间的小行星带就有超过五十万颗小行星。此外，还有不计其数的彗星。考虑到这些，地球与它们“亲密接触”的可能性，确实是存在的。

其实，小行星撞击其他天体的现象，在宇宙中非常普遍。远的不说，1994年7月，一颗彗星撞上了木星。借助天文望远镜，人们发现木星上空霹雳轰鸣，出现剧烈的爆炸和闪光。撞击之后，木星的大气层上留下了明显的黑斑。照此推想，这样的事也可能发生在地球和月球身上，加上两者为近邻，撞击概率也应该比较接近（地球被撞击的概率会稍稍大一些）。

◎杞人忧“天”虽有些夸张，但忧“星”还是有道理的。如果没有大气层，地球早被掉落的“星星”砸得伤痕累累了（不考虑海洋等因素）

可科学家经过研究，发现了一个烧脑的问题：月球上布满了大小不一的环形山，直径大于1000米的超过3.3万个，它们绝大多数都是小行星撞击的结果。而生活在地球上的我们，却很少见到地面有撞击坑。究其原因，和许多因素有关，其中特别重要的一个就是大气层。

原来，从前的地球像月球一样，在宇宙中“裸奔”。它同样拿蛮横无理的小行星没有办法，只能任其肆意地冲撞。后来，地球“抢”来了人生中的第一件“外衣”——依靠自身强大的引力，把太空中一些游离的气体吸引过来，慢慢聚合并形成原始的大气层。

不过，最开始这件外衣太过“单薄”，地球并不满足。通过全球火山的持续喷发，大量气体释放出来，大气层渐渐增厚，成分也变得日渐复杂。这样就出现了第二件外衣。又过了不知道多少年，当绿色植物登上历史舞台后，经光合作用，氧气便源源不断地生成。于是，地球又添上了第三件外衣。

这件外衣——叫“防弹衣”更形象——保护了地球。每年有无数的宇宙碎片进入大气层。它们中的大多数，就像打水漂时在水面上跳动的石头一样，反复在大气层中跳跃。在这一过程中，剧烈的摩擦燃起熊熊大火，这些碎片在落地之前就烧毁了。一般来说，当小天体直径小于50米时，进入大气层后基本会烧得灰飞烟灭，或仅剩一点残渣，最终成为供人们观赏的一颗流星。

现在，你可以理解大气层的“温柔”了吧？大气层看似轻盈、柔和，一副岁月静好的样子，可一旦有外来物体侵入，会立刻变得刚烈无比。它忠实地履行着保护地球的职责，试图通过摩擦作用把任何入侵的家伙烧成灰烬。

◎没有穿“防弹衣”的月球，表面布满了大小不一的“弹坑”

所以，地球今天的“岁月静好”，大气层要记上一大功。否则，我们看一看月球——因穿不了“防弹衣”，一切只能靠血肉之躯“硬扛”，结果表面满是各种“弹坑”，真是满目疮痍，令人唏嘘。

为什么地球有大气层，而月球却没有呢？是因为引力不同。地球引力如同射箭一样，不管你朝哪个方向拉弦，也无论拉得多足，只要一松手，弦都会弹回弓的身边。

小时候，很多人总有个想不通的问题：假如地球是球体，那么在地球另一端的人，不就头朝下掉到太空中去了？没错，这个问题连古罗马著名的思想家奥古斯丁也没想通。哥白尼的解释是地球肯定是转动的，而它的各部分是飞不了的，所以必定有一种力量把地球各部分都引向地球的中心。

后来我们把这种力命名为“地心引力”。无论你站在哪里，地心引力总会把你拉向地球的中心（地心）。所以，地球上任意一个地方的人，都认为自己是“正立”的，头顶永远是星空，脚下永远是大地，哪里会有“头朝下、脚朝上”的奇谈怪论呢？

事实上，宇宙中的每一个物体都喜欢将另一物体“引”向自己。物体所含的物质质量越大、彼此距离越近，这种力量就越强。以地球上的你为例，地球比你所含的物质质量大得多，它的引力自然能把你牢牢地吸住。我们甚至可以推理：孙悟空之所以跳不出如来的五指山，也在于引力——你看，两者的“个头”根本不对等嘛。

◎地球因靠木星太近，大气正被引力巨大的木星给“吸”走想象图

与月球相比，地球的引力大了五倍，所以可以紧紧牵引住身边的大气。在地理学科中，大气层又叫大气圈。“层”关注物质组成或性质的不同之处，而“圈”则强调大气浑然一体。月球这样质量较小的天体，由于没法留住身旁的气体，只好“眼睁睁”地变得“身无寸缕”；不仅如此，由于距离地球太近，它还被地球彻底“套牢”，一生一世都得绕着地球转动。

地球的大气圈不仅是抵御宇宙小天体“捣乱”的屏障，还是地球的“温度调控器”。如果没有它的保护，地球白天将被太阳烤得滚烫；天黑后，热量迅速消散，气温迅速下降。以水星为参照：没有大气层的它，昼夜温差极度悬殊，最热时达到427℃，最冷时则是-173℃。由于没有大气的遮挡，那里的阳光比地球赤道附近的阳光还强六倍，不要说人，就是熔点低一点的金属，如锡、铅等，都会被熔成一摊液体。

防护层：温情调控

这样看来，厚厚的大气层实在太珍贵了。它犹如一台空调，使地球的平均气温维持在15℃左右，在过去的一万年间，上下波动幅度也不超过2℃。这种神奇的控温能力，简直叫人难以置信：白天，大气层能削弱毒辣的太阳光，让地面不至于升温过快；晚上，大气层又源源不断地释放能量，让地面降温变慢。如此，昼夜温差就很小了，生命便有了更舒适的生存环境。

◎“温”字与大气

请注意“温”这个字，左侧的“氵”代表大气层中的水蒸气（也叫水汽）。大气圈能像被子一样给地球保温，水蒸气有很大的功劳。大家见过蒸馒头、蒸包子的场景吗？自然界中的水蒸气也有类似的功效，可以很好地保持地表温度。

再来说“温”的右侧“昷”，上“曰”下“皿”。套用大气层的层次来说，如果“皿”指对流层（气流上下运动）的话，那么“曰”就是平流层（气流横向运动）。另外，“曰”在上、“皿”在下的排列，也符合实际状况。“氵”主要集中于“皿”中，对生命的意义不言而喻；而“曰”中也有一个神秘的家伙起到同样重要的作用，它的名字叫臭氧。

对它，大家可能有点儿陌生，但它的“兄弟”你一定很熟悉，那就是大名鼎鼎的氧气。也正是臭氧，编织成了地球的第三层外衣。臭氧之所以带个“臭”字，缘于它闻起来有股腥臭味。可臭归臭，它本事可大着呢！原来，赐予万物生长的阳光之中，有一部分高能紫外光。和其他的可见光不同，它如同肆意燃烧的火焰，能毁灭所遇到的一切生命，甚至让整个地球生态系统陷入危机。能降服它的，正是臭氧。臭氧分布在平流层中的臭氧层。

科学外话

认识臭氧层

大概40亿年前，地球上就有了生命。但在这段漫长的时间里，所有的生命都生存在深海里。因为臭氧层尚未形成，海洋表面和陆地表面太危险了。任何生命胆敢暴露出来，无异于自我毁灭。如果你能“穿越”，一不小心来到8亿年前的地球，你看到的地球一定是光秃秃的，那时的地球没有鸟语花香，没有飞禽走兽，完全是一个荒凉的世界。

◎臭氧层犹如一把保护伞，护佑着地球上的生命

直到约6亿年前臭氧层形成后，地球表面才开始变得安全起来。这一时期的地球发生了一件波澜壮阔的事情——“寒武纪大爆发”。各种各样的生物在地球表面涌现，并一步步演化，最终造就了今天的世界。实际上，即使是现在这一秒，在我们头顶上方的平流层中，臭氧与高能紫外光的“厮杀”依然进行着。臭氧层犹如一把遮阳伞，挡住了有害的光线，让洒向大地的阳光充满了对生命的温情。

一个“温”字，易写易懂，组成的词语“温暖”“温度”“温情”也都不难理解。但从大气层的角度，要想真正读懂它，却有着太多故事。

最后，送给大家一个彩蛋：从古代看，“杞人忧天”是多余的，但对于当下，真有“忧”的必要。因为天虽然不会塌，但的确“漏”了。原来，由于人类的破坏（向大气中排放了氟利昂等化学物质），臭氧层在南极上空已非常稀薄，就好像破了一个洞。万幸的是，人类正在纠正曾经犯下的错误，目前的臭氧层正在逐步恢复。“女娲补天”的故事，正在上演。

那么，关于大气的厚度，以及其与阳光、地球、人类的妙趣知识，还有哪些呢？

地理知识提要：

★ 地球依靠自身强大的引力，形成了一层厚厚的大气层。月球引力较弱，没有形成大气层。

★ 流星是宇宙小天体与大气层剧烈摩擦燃烧的现象。

★ 大气层具有保温作用，可有效调节地球的温度。

★ 平流层中的臭氧，具有吸收紫外线的功能，对地球生命起到重要的保护作用。

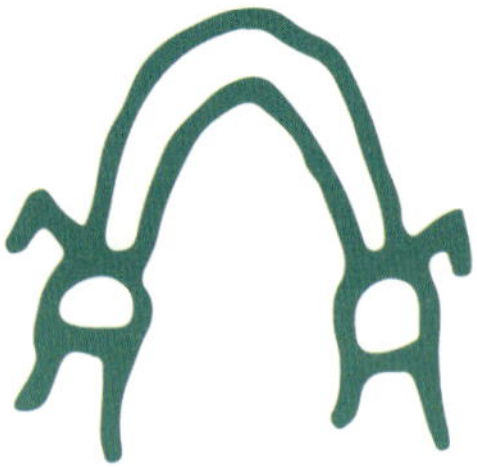

[字源]

虹，蝃蝀（dì dōng）也。状似虫。

——《说文解字》

[字解]

《说文解字》对“虹”的解释非常直接，即为“蝃蝀”，也就是形似丝带、状如桥梁的彩虹。甲骨文“”是象形字，描摹的是彩虹的形状。虹的两头画得惟妙惟肖，像低头张开巨口喝水的动物。古人以为虹是雨后出来饮啜水汽的神龙，所以带“虫”（大虫为龙）字旁。我们看看“龙”的甲骨文“”，尤其是它的头部，是不是和“虹”字的甲骨文有点像？

这当然只是一种美好的想象。不过，“虹”字还是颇有科学之处的。比如，那如龙般拱起的身躯“”真实还原了彩虹的外

◎双层彩虹

形特点。事实上，彩虹确实常常是双层的，内层的外圈为红色，内圈为紫色，即为“虹”；外层的外圈为紫色，内圈为红色，称作“霓”（也作“蜺”，与“虹”相似，均有“龙”的痕迹）。“虹”其实是两者的统称。

再来看“工”。“虹”的发音来自“工”，但“工”也有“大”的意思。何以见得呢？因为“工”是“巨”（“矩”）的本字。比如说，大河为“江”、大穴为“空”、大瓮为“缸”。那么大虫（或大龙），就是“虹”了。“虹”就像一座巨大的拱桥，常常跨越河流、山坡，景象壮观，气势恢宏。“虹”这个字中隐含的智慧真不一般。

[字变]

甲骨文　金文　大篆　小篆　楷书

“虹”的甲骨文是个象形字，到了金文“”中，思路如故。“”即“它”，这里表示大虫；“”即“工”，表示巨

大。到了大篆“”，字形有了很大的改变，左边的部首“”依旧是“虫”，但右边换成“”（电），强调“虹”这条“神龙”总是出现在电闪雷鸣后的天空之中。小篆又恢复之前“虫＋工”的组合，楷书之后就不再有太大的变化了。

[字说地理]

圆形彩“虹”

“雨过天晴白云飘，蓝天上映彩虹桥。”是一种非常漂亮的大气现象，色彩绚丽，多现身于雨后转晴的时候。彩虹这种大气现象里面大有文章，妙趣横生。

它神奇的色彩，给人以美的享受。其秘密在于阳光照射到空气中接近球形的小水滴时，造成了色散及反射。那看似透明的阳光，其实是一种复色光，由多种颜色的单色光复合而成。当阳光穿过一个三棱镜时，会分解成红、橙、黄、绿、蓝、靛、紫七种颜色，并在墙上形成一条彩带。反射也很好理解，就是光线并未穿透物体，而是在表面被“反弹”了。

具体到“虹”上，它斑斓的彩色就是色散的结果，而色散又离不开小水滴。古人很早就知道这层关系。大篆“”（虹），之所以其中有“”（电），就是造字者从雷电的角度，暗示了雨这一要素。同时，这些水滴的个头稍稍偏大。一般来说，云中的水滴太小，不足以形成虹；太大呢，颜色又会比较暗淡。只有它

们大小合适时，才如同微型的三棱镜，把阳光分解成七色光，鲜艳夺目，令人难忘。所以，并不是每一场雨后，都能见到彩虹。

水滴的大小，还会影响光线射入人眼时的角度。实际上，只有极特殊的角度，才会出现“虹”，并呈现出漂亮的拱形。我国的《山海经》等古籍反复把虹说成是龙，两千多年前的马王堆帛书《天文气象杂占》干脆就把虹画为龙。龙之所以反复出现，追根溯源，就是来自虹的拱形。

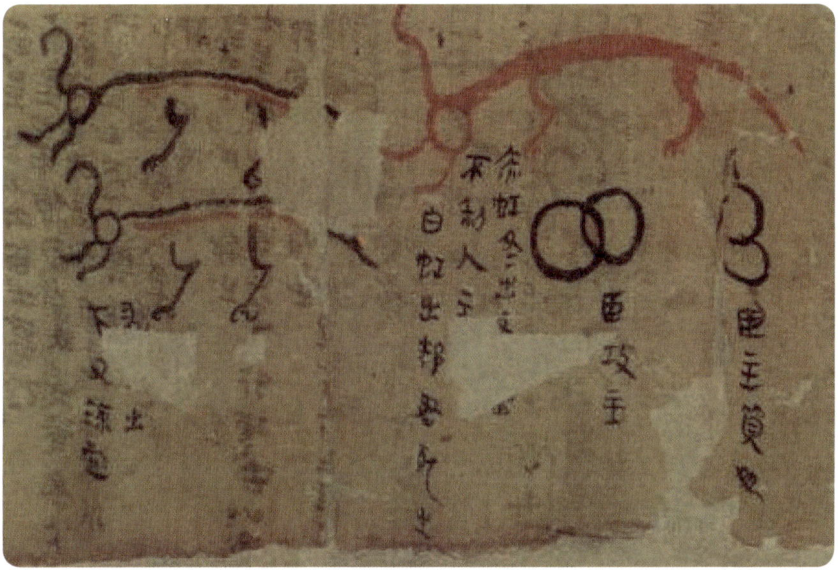

◎马王堆帛书《天文气象杂占》中虹被画为龙的样子

如果你想有真切的体验感，不妨动动手，做个小实验：把一滴小水珠对着太阳光，逐渐上移或下移，使视线和阳光的夹角不断变化。你会看到，大多数时候水珠是昏暗的，但夹角接近42°时，水珠会突然变成明亮的紫色，随后颜色逐渐变成红色。

这个实验可不是现代人的创造，最早由唐朝诗人张志和进行过。他在《玄真子·涛之灵》中说“背日喷乎水，成霓虹之状”，其做法虽然与上述实验稍有差异，但原理是相同的。实验表明，太阳光被小水滴反射后，在反射角为42°附近（准确地说，是40°至42°之间）的光强最大，而在其他角度就很弱。因此，要想看见彩虹，就得满足这一特殊条件。

由此看来，42°是大自然的一个秘密。不妨设想：如果所有射向眼睛的光线的入射角都是42°，会看到什么？我们做一个假设吧：找来一张纸，平铺开来，代表视平面（眼睛平视时看到的平面）；再围绕纸的中心（代表眼睛），以42°的斜角，插满小木棍（代表无数道被水珠折射后的阳光）。它们围起来会形成一个圆，如右图：

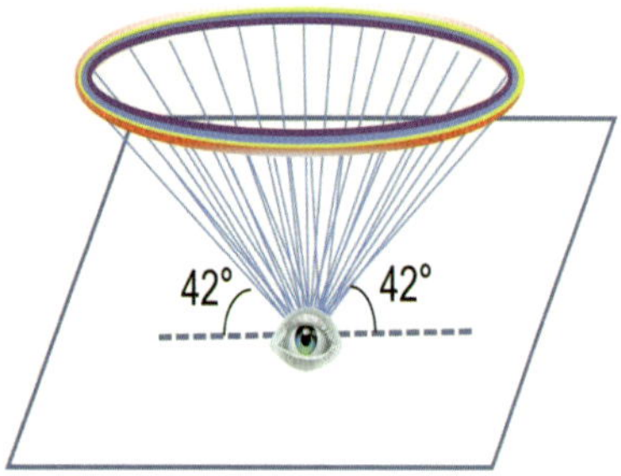

◎若所有射向眼睛的光线的入射角都是42°，人们看到的世界会是一个圆

没错，彩虹原本是一个圆。澳大利亚摄影师科林·莱昂哈特在2014年就拍到过一个完美的环形彩虹。日常看到的虹，只是这个圆的一部分而已。世界各地，但凡有彩虹记录的地区，都是如此。之所以看不到整个圆环，还得回到地球的形状来说。

我们知道，地球是个球体。脚下的地面，以常识论，应该是平直的。但实际上从更广阔的视角看，比如站在山顶、坐在飞机上，它就成了曲面。其实，包裹着地面的大气也是一个曲面——因此，挂在地面上空几千米高的彩虹，就很难被完整地看到。

地理与天文的一大乐趣在于，它们会告诉你：当你用不同比例的“尺子”观察、丈量、思考同一个事物时，得到的感受或结论往往不同，甚至完全相反。世界的真相，很多时候云山雾罩，究其原因，就在于你没有找到一把合适的“尺子”。

历史瞭望

赫维尔七日图

1661年2月20日上午，荷兰天文学家赫维尔正如往常一样，在窗前喝早茶。正喝着茶，他突然觉得今天的阳光有点诡异。凭着职业的敏感，他朝窗外望了一眼。不看不要紧，一看吓一跳，连身边的牛奶罐和水果盘都被他失手打翻——窗外的天空中，居然升起了七个太阳！可惜当时照相机还没有发明，赫维尔急忙将眼前的景象绘在一张画纸上。这张看起来十分诡异的画，后来被称为“赫维尔七日图”，并收入他的天文学著作《天边孤独的水星》里。

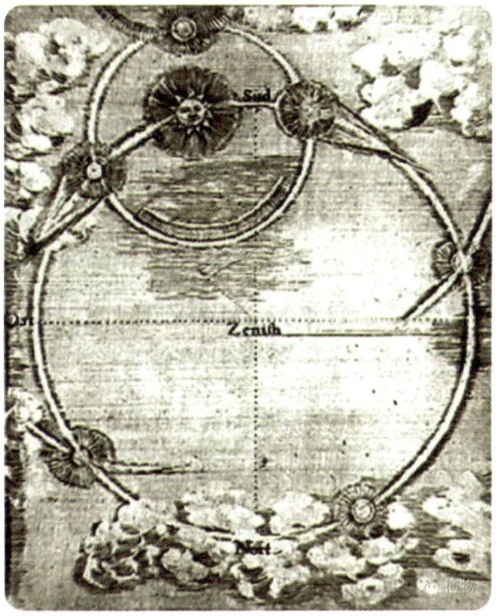

◎赫维尔七日图

白“晕”贯日

我们要是查阅历史，就会发现天空中的太阳不仅出现过七个，八个甚至十个都曾屡次被记录下来。这到底是怎么回事呢？其实，这都与虹有点关系。

比如，前文谈到霓，它的道理也与虹相近。唯一不同的是，光从水滴中折射的角度是50°左右，亮度小了很多，并且不容易看到。还记得“虹”的甲骨文有双层的“”吗？我们把内层很亮的彩虹称为主虹，外层暗淡的称为副虹。在今天的词汇中，“霓虹”已经成为一个常见语，表示彩色之意。为黑夜点上亮彩的霓虹灯，给人带来很多遐想。

但在古代，霓虹并不是带着闲情雅致的消遣之物，而是有着自己的实用性。古人观测它们，主要用于预报天气。例如《诗经》中就有“朝隮（jī）于西，崇朝其雨”的记载。“隮”就是彩虹，这句话的意思是“早上西边出现虹，上午就必定有雨”。古人也常观察大气的光学现象，编写押韵的短语，用于指导实践，常有实效，如“东虹晴，西虹雨。早晨照西虹，必有雨下冲。早虹雨滴滴，晚虹晒背皮”。

古人很有智慧，知道在不同时间段、不同方向看到彩虹，就意味着大气的不同状态。我们在前一章中曾介绍过“旦”“昃”等字，它们与虹也常有关系。清晨（旦），太阳从东方升起，光线朝西边照射，若能看到彩虹，也必是西边的，古人称之为“西虹”。虹的出现，意味着空气中水分较多，加上云彩总是向东移动（与地球自转方向一致），几个小时后，携带许多水汽的云朵飘至你的头顶，自然会下雨！同理，当到了下午（昃），太阳位于天空的西南方向，光线朝东北照射，彩虹也就必在东北，加上云彩的运动因素，云就会越跑越远，第二天自然是晴天。这便是“东虹晴，西虹雨”的科学道理。

由虹进一步拓展，可以说到晕。晕的本义是一种大气现象，甚至可以说，它就是一种特殊的彩虹。特殊在哪儿呢？不妨从汉字的角度瞧一瞧：

甲骨文1　　甲骨文2

◎晕的甲骨文

“晕”的中间是太阳，周围是一道光圈。现在的漫画作者有时会在人物的头上画上圈，表示其晕头转向，这和“”有异曲同工之妙。头晕的晕（yūn）就是从日晕的“晕”（yùn）引申分化而来的。祖先对“晕”的观察，真是细致入微。比如，他们把太阳上方的一小段亮弧叫“冠”，因为它像太阳的帽子；把太阳左、右两侧的亮弧叫作“抱”，正如环抱太阳的样子；太阳下方的是“承”——它承接着太阳。

晕完全可在地面上见到，因其呈圆形，故又名“圆虹”。《现代汉语词典（第7版）》中“晕”的释义为：“日光或月光通过云层中的冰晶时经折射而形成的光圈。”看到关键词冰晶了吗？晕的秘密就在于它的高度。原来，在5千米以上的高空中，水蒸气遇冷变成冰晶，这些冰晶有时会整齐地垂直排列，形如棱镜；阳光再以特定的角度照射，便会产生非常有规律的折射现象，这就是晕。

由于它很高，地平面不足以阻挡视线，我们就能看到一个圆圆的白虹了（晕也有彩色，以白色居多）。古人认为，当人间出现不平凡的事时，就会引起天象的变化。如《战国策》和《史记》中记载有不少勇士刺杀权贵的故事，如聂政刺韩傀、荆轲刺秦王等。这些重大的事件惊动了上天，天上便出现了白色长虹穿日而过的奇象。其实，所谓的“白虹贯日”，并不是虹。虹是由水滴折射阳光而产生，只出现在太阳的反方向，它无法贯日，更不可能是白色的。白色且能够贯日的，其实是晕。

与虹一样，晕也分内晕与外晕，有时两者间靠近太阳两旁，会出现多个“太阳”的奇观，这便是著名的“幻日”景观。后羿射日的神话故事，大家都很熟悉：传说上古时候，天上有10个太阳，因为太热，大地被烤焦，森林着火，河流干涸。危机时刻，神射手后羿出现了，他“嗖嗖嗖”地射落9个太阳，只剩下一个，这才使温度适宜，万物复苏。

你是不是觉得，这是古人瞎编乱造的呢？实际上，如果以幻日现象来解释，是完全有可能的。1971年5月5日，我国小兴安岭地区就出现过“十日并出”的奇景。你一旦明白这只是光的折射

◎特殊的晕——幻日

◎后羿射日

或反射创造的“天空的魔术”，心里就坦然接受了。但在上古时期，这种景象乍现，简直就是神迹！

虹、晕、幻日……这一切都与大气的折射、反射有关，产生了多种光学上、视觉上的效果。这些自然现象，有些很受欢迎，有些很令人讨厌。一般来说，在天文上，大气折射会导致所有的物体看上去都变“胖”了，包括大家最熟悉的太阳、月亮。这也是日出与日落时，太阳看起来又圆又大的秘密。月亮也是如此。你下次再看到电视里出现超大的圆月或夕阳时，就可以自豪地给小伙伴们“科学揭秘”了。

关于大气，依然有许许多多有趣的知识值得你研究。它们是你了解真实的太阳、月亮与星星的重要助手——反过来说，也是某种障碍，因为这些古灵精怪的家伙，常常让你的眼睛“上当受骗”，甚至让你以为“眼见为实”。比如，在“十日并出”的奇景里，只有一个是真太阳，其他的都是幻象。

地理知识提要：

★ 太阳光是由红、橙、黄、绿、蓝、靛、紫七色光组成的复色光。

★ 斑斓的虹是色散的结果，因光线呈特定角度在水滴中折射而成。

★ 人们可以根据霓虹出现在天空中的位置及时间预测天气。

★ 高空中的晕是阳光以特定角度照射而产生的折射现象。

第四章

温情星空

说说“星星”那些事儿

本章思维导图

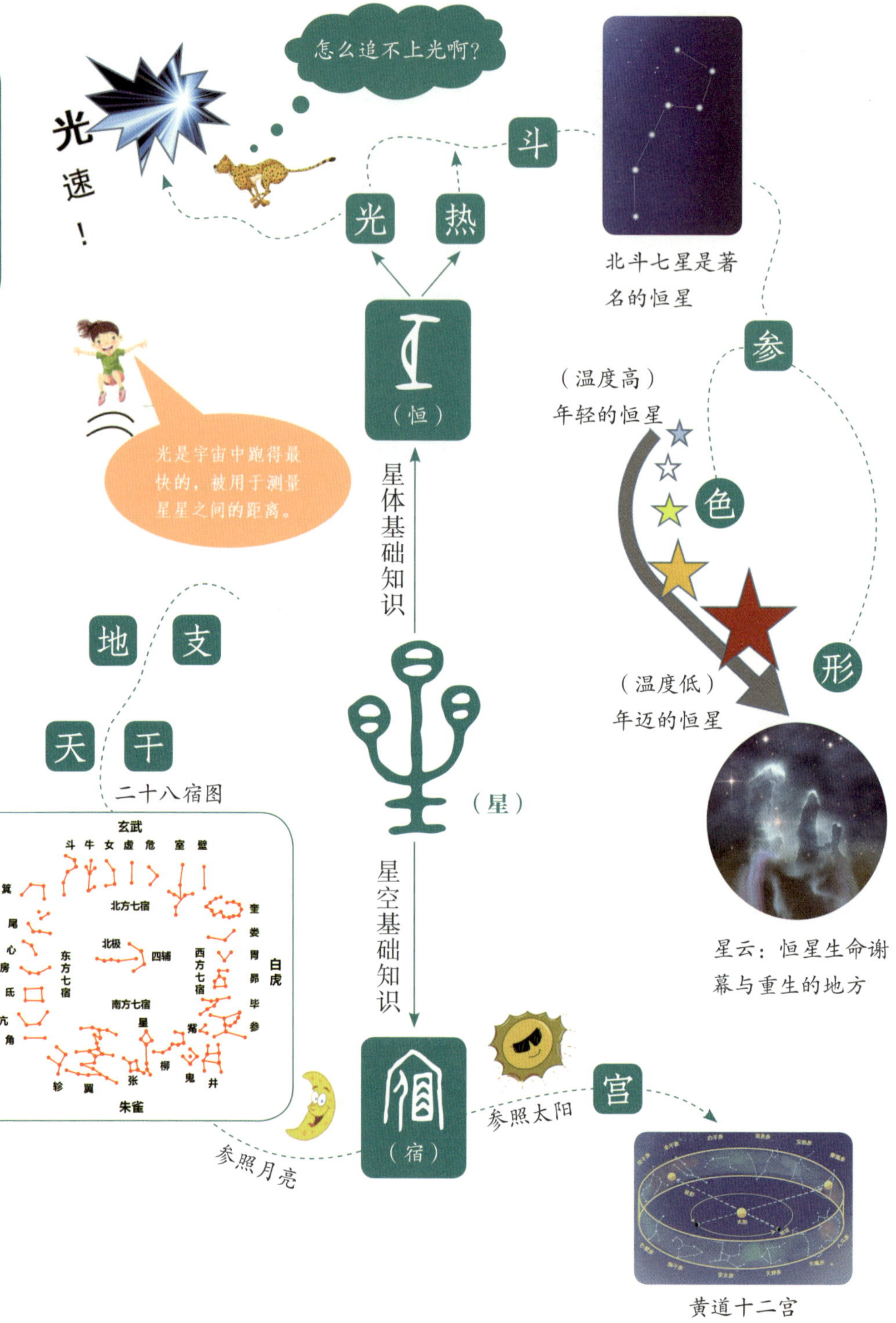

光速！
怎么追不上光啊？
光是宇宙中跑得最快的，被用于测量星星之间的距离。
光
热
斗
北斗七星是著名的恒星
（恒）
星体基础知识
（星）
星空基础知识
（宿）
参
色
形
（温度高）年轻的恒星
（温度低）年迈的恒星
星云：恒星生命谢幕与重生的地方
地
支
天
干
二十八宿图
玄武
斗 牛 女 虚 危 室 壁
北方七宿
箕
尾
心
房
氐
亢
角
青龙
东方七宿
北极
四辅
西方七宿
奎
娄
胃
昴
毕
参
白虎
南方七宿
星
觜
轸
翼
张
柳
鬼
井
朱雀
参照月亮
参照太阳
宫
黄道十二宫

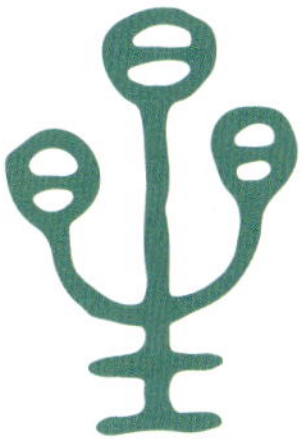

[字源]

星，万物之精，上为列星。

——《说文解字》

[字解]

古人在造字的时候，天上的星星那么小，怎么表达呢？我们来看一下吧：“”“”“”“”“”……原来，一颗星很难表达，而闪烁的星群就容易得多，于是，人们就画成三颗（有些像今天的“品”字）、四颗、五颗星星组合在一起的模样。“”这个字是亮晶晶的“晶”，也是“星”的最初写法。后来，人们又加上表示发音的“生”（“”），写成“”，成了“星”的古字“曐”（读音同“星”）。在许多古籍中，“星”与“曐”通用。《说

文解字》解释“星”为“万物之精，上为列星”，认为它是世间万物在天上所对应的精魂，其中的“列星”就是漫天分布的群星。这听起来有点神秘兮兮的，但从天文学的角度来看，还有些道理呢！

[字变]

甲骨文　金文　战国文字　篆书　隶书

甲骨文的“星”就有了类似于繁体和简体的写法，比如“”和“”。金文“”将甲骨文字形中的五个圆圈“”写成三个“”。篆书“”承续了金文字形，后来又简化成“”，即将“”进一步简化为“”，字体和今天已经较为接近了。

[字说地理]

“恒”星如海

2021年5月15日，在历经9个多月的长途跋涉，通过惊心动魄的重重考验后，我国的火星探测器“天问一号”成功登陆火星。“天问”这个名字，不是现代中国人的突发奇想，而是2300多年前伟大诗人屈原的一首诗的诗名。

《天问》中有一句话：“天何所沓？十二焉分？日月安属？列星安陈？”意思是，天在哪里与地交会？黄道怎样十二等分？日月天体附着在哪里？众星在天上又如何分布？他在诗中发出了对宇宙洪荒的疑问。人类从第一次仰望星空开始，对宇宙的探索就一直没有停止过。这之中，不辞辛劳地观察星辰变化，研究它们的运动规律，准确记录观测结果，是最重要的方法之一。

比如，看似普通的星，就透露着不少的观测秘密。原来，古人通过长时间的观测，发现整个星空是在不断变化，并有规律地旋转着的；同时，星星虽然繁多，但有个共同的特点：它们中的绝大部分，像镶嵌在天空的幕布上，彼此间的相对位置永恒不变。倒是像火星这样游走于天幕之外的，很是稀罕。

有人或许会问：所谓的绝大部分是多少颗呢？古希腊天文学家喜帕恰斯（又译作依巴谷）曾将肉眼可见的恒星按亮度分成六个等级，总计约7000颗。由于地球的自转，一个人在同一时刻只能看到其中一半，也就是3500颗左右。当然，有了望远镜以后，我们能看到数不尽的星星，其中99%以上属于恒星。恒星有个“发光发热”的看家本领，非常好辨认。

汉字“恒”，甲骨文作“”，上下两横表示天地，中间是月亮，整体的意思是“恒定”“恒常”——就像月亮在天地之间常行如是。《诗经》说的“如月之恒，如日之升”，就是这个意思。

这样，“恒星”的意思就很好解释了：相对位置恒定、不会变化的星星。比如北斗七星（北方天空中比较亮的七颗恒星），你眼中的它们，通常排列呈“酒勺”的样子，在孔孟老庄、秦皇汉武、李白杜甫的眼中，也是丝毫不差。这也是汉字“斗”的来历。

不过，这只是就人类的生命、文明和历史而言的，在几十、几百、几千年的尺度上，恒星之恒是成立的。但遥远的它们也在各自运动着，一旦从更长的时间看，就不一定了。

北斗七星，它们在10万年前和10万年后的排列形状，都不是现在大家所说的标准的“酒勺”，因为它首尾两颗星与其他五颗星运动的速度和方向不相同。

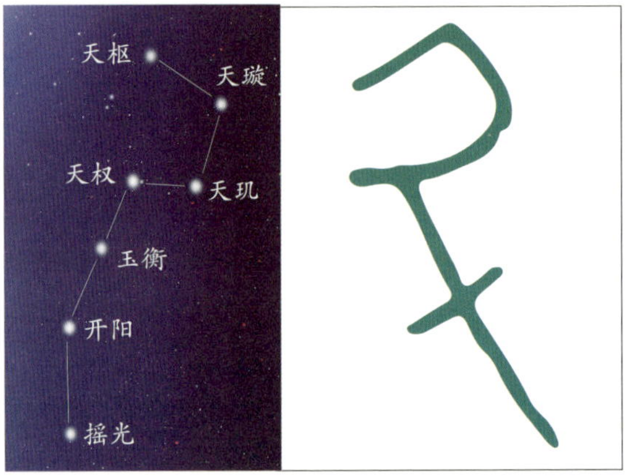

◎北方星空中的北斗七星正是汉字“斗”的原型。右图为金文中的“斗”

关于恒星的运动，我们可以说说太阳带着水星、金星、地球、火星等一帮“小弟”绕着银河系中心转动的事。它们这样每转一个圈大约需要2.5亿年。这2.5亿年的时间，如果从今天回看，得返回到恐龙称霸地球的时代。如此漫长的岁月，太阳才绕银河系中心公转了一圈，那太阳运动得有多“慢”啊！其实，还真不能赖人家，秒针“嘀嗒”一秒，它就飞出去约230千米，5秒钟以内就可以从北京飞到上海（距离约1000千米）。可银河系实在太大了，如果你站在银河系之外观测，不连续观测百万年、千万年，几乎看不出明显的变化。

◎图为银河系，太阳系只是其中一个渺小的成员

另外，恒星与地球的距离，通常是以光年为单位计算的。光年通常指光在真空中一年内所走过的距离。光线从太阳启程，到达我们的眼睛时，中间跨越了约1.5亿千米。这段距离如果让一架时速1000千米的喷气式飞机穿越，大概要17年，一个婴儿也差不多长大成人了。是不是感觉很长很长？但在光的眼里，这实在不值一提，因为它8.3分钟就能跑完。我们可以据此说，太阳与地球之间的距离为8.3光分，换算一下，只有0.0000158光年。

光年的不可思议，叫人感慨。实际上，天上的恒星离我们可不是一般的远——它们总在几百、几千、几万，甚至更远的光年外，即便最近的一颗（除太阳外）也有4.24光年。这样的空间距离，以人类目前的科技来说，是难以到达的；这也解释了为什么天上星辰的相对位置在几千年里都“恒定”不动，因为它们那点可怜的移动距离，在星际尺度下，几乎可以忽略不计。

“参”星如火

恒星间的固定位置，让整个星空犹如一张巨大无比的星图。为了识图，古人发挥想象，把不同的恒星连接起来，于是，星空有了错综复杂的“天之纹理”，简称“天文”（“文”的甲骨文“”，像是一个有着文身的人。“文”的本义就是“纹”）。“天文”这个现代名词也由此而来。

这个发现，在“星”（“”）字中，可以很好地得到体现：表示“星”字的“”可以视作极微小的太阳——小到只剩下一个发光的亮点，三个“”则表示“多”的意思，这里是虚指（汉字中的“三”也有实指的，请见下文）。关键是下面的“”部，通常被认为是表示发音的“生”，而我们认为可能代表星座。不妨看看“参”字：“参”的古代写法是“曑”，有没有一点眼熟？它的上部是个“晶”，和“星”字是一样的，这说明“晶”字中的“日”不是太阳，而是星星。

◎金文的“星”

◎金文的“参”

“参”字上面的三颗星不是泛指多，而是指实际数量。每颗星下各有一条短线，将三者紧密连接在一起，表示它们是一个整体；下面右边的构件是“人”，左边的三撇表示星星所散发出的光芒，或者是强调星星的数量。“参”字的画面感很强，就是三颗星高悬于人的头顶之上，光芒四射。其本义是长者仰观天星，以辨识方位，后来有了“参悟”“参禅”等引申的含义。

◎将那些特别亮的恒星用直线连接起来就是猎户座，古人丰富的想象力，真是令人钦佩啊

“参”字中的三颗星，是真实存在的。它们的名字叫参宿一、参宿二、参宿三（上方左图中呈直线等距排列的三颗星）。西方人也很早就注意到它们，把它们想象成一条猎人的腰带（上方右图中部的三颗星），并成为猎户座的一部分。而在我国，人们给了它们三个别名：“福、禄、寿”，简称“三星”。古人忙了一年，正等待过新年的时候，三星刚好位于南天的正中，于是就有了“三星高照，新年来到”的说法。可以说，有“福、禄、寿”三星高挂夜空，喜庆节日的气氛就更浓烈了。

你要相信，天文学是为生活服务的。“参”字后来又作“叁”，即数字三的大写。如果你在银行填过存款单、汇款单之类，就一定写过这个字。下次再碰见，就可以骄傲地告诉别人：这是一个来自星星的汉字！

我们再细细看参宿一、参宿二、参宿三，它们的旁边有一颗橘红色的更加明亮的星，叫参宿四（见上页右图），是目前已知的最大和最亮的恒星之一，在天空中非常具有辨识度。

参宿四有多大呢？假如把它放在太阳的位置，人家会直接吞没离太阳最近的水星、金星、地球和火星，连木星都得自求多福。

参宿四有多亮呢？假如把它放在太阳的位置，那我们的天空将有80000个太阳齐照的亮度。想想看，后羿射日只不过是因为10个太阳烤得万物枯焦、烟火四起。那80000个太阳呢，岂不把整个地球烧成“渣”啊。简直太可怕！

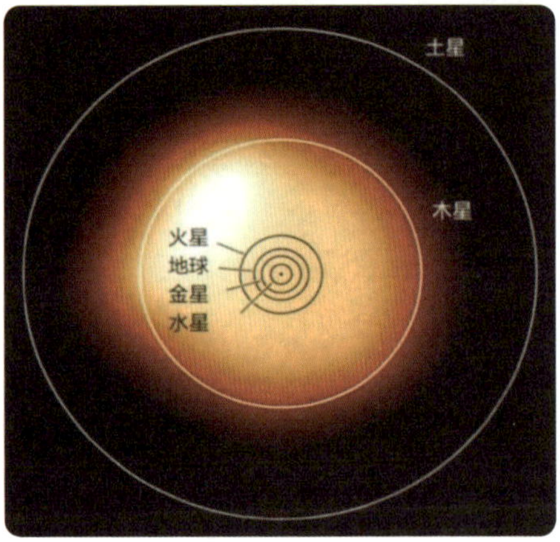

◎图中橘红色的为参宿四，圆形为模拟的水星、金星、地球、火星等天体的运动轨道

当然，这只是一个离奇的假设。不过，我们更加关注的是参宿四的红色。实际上，不同的恒星颜色并不相同——除了红色，有的像老人星一样泛着黄色的光芒，有的像天狼星一样发出蓝白色的光……

不同的颜色代表着不同的温度，这在生活中也随处可见。比如，人们在形容一个人的技艺高超时，会用"炉火纯青"这个成语。从字面意思看，即炉火烧得最旺、温度最高时，就会呈现出青色。相反，当炉火温度低时，红光就出现了。无论是炉火，还是恒星，它们都遵循着这一自然规律。

以太阳为例，它呈金黄色，比它还炽热的星则呈白色、青色；与它相似的，发黄色的光；比它温度低的，发红色的光。每一种颜色都对应着一定的温度。

颜色能说明什么问题呢？寿命。恒星也像人一样，有着孕育、壮大、衰老、死亡的周期。通常来说，年轻的恒星会发出蓝白色的光，随着燃料慢慢消耗，温度也会慢慢降低；恒星中年时发黄光，年迈时则常发红光。也就是说，参宿四正是一颗濒临"死亡"的恒星。

当恒星走向"死亡"时，不但表面温度下降，体积也会不断膨胀，最终可能在一场剧烈的大爆炸中结束一生。参宿四就是这样一个代表，人们总是猜想它或许会爆炸——一万年后，还是十年后，抑或是明天？一切都说不准，也都有可能。

"新"星如灯

在古代，人们对天空充满了敬畏和好奇。有这样一个故事：在很久很久以前，有一天晚上，人们像往常一样仰望星空，突然发现天空中出现了一颗从来没见过的星星，它光芒闪耀，格外引人注目。可过了一段时间，这颗星星又神秘地消失了。古人觉得

◎曾经的客星，如今的蟹状星云。该图由哈勃空间望远镜拍摄

很神奇，就把这样突然出现又消失的星星叫作“客星”。

1731年，英国一位天文爱好者用望远镜观察星空时，发现在金牛座附近有团模糊的小星云，也就是一小团稀薄的气体或尘埃。100多年后，英国的罗斯伯爵用当时世界上最大的望远镜观测时，发现它看起来张牙舞爪，活像一只螃蟹，便将其命名为“蟹状星云”。人们持续研究后，无比吃惊地察觉它正在慢慢膨胀，且一年比一年大。反过来说，在900多年前，它还只是一个点——于是，一件有趣的事情便发生了：众人恍然大悟，这个亮点，不正是我国古人说的客星吗?

从天文的角度说，客星现在的名字叫“新星”或“超新星”，它可大有来头。原来，有些年迈的的恒星会以一场异常猛烈的大爆炸来结束自己的生命。爆炸的瞬间，它们把自己的“血肉之躯”抛撒到宇宙中去，其物质和能量的丰富程度，是年轻的晚辈们数亿年后才能达到的。

◎图为哈勃空间望远镜拍摄的鹰状星云图像。我们可看到图中有大量的发蓝白光的年轻恒星，甚至是幼年恒星

如果参宿四也进行类似的爆炸，它会像四分之一的满月那么亮，艺术家甚至画出了模拟场景：

◎一旦参宿四“玩命”爆发，看起来的亮度会远远超过其他同类，科学家连新名字都帮它起好了：“宇宙灯塔”

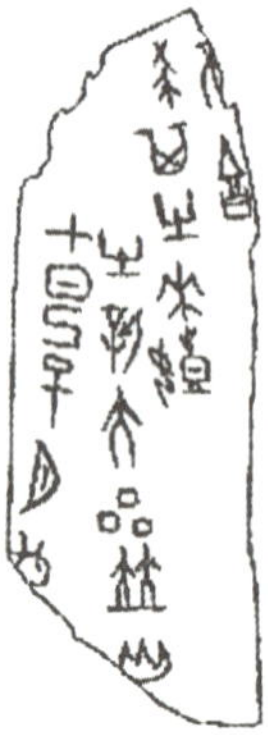

◎该甲骨中有超新星大爆炸的记录。左侧第二列第四个形如“品”字的，就是“星”

类似的大爆炸，我国在商代就记录下来了。商代的甲骨文中就明确记载“七日己巳夕，有新大星并火”。其大意为：七日（己巳）晚上有一颗新的大星出现，位于心宿二附近。你可不要认为这与你无关，每一场剧烈的恒星爆炸都会向宇宙中抛出大量的元素，从最普通的氢、氧、碳，再到钙、铁、钾……别小看了这些元素，正是它们构成了生物，而人就是其中之一。毫不夸张地说，我们的身体就是由恒星物质组成的，甚至人身上戴的金银饰品也不例外。从这个意义上说，我国古人信仰的“天人合一”真是一种大智慧呀！

不仅如此，年迈的恒星爆炸之后的那些气体、尘埃可没闲着，它们会慢慢聚集、演化，再经过百万年的时间，又诞生新的恒星。在猎户座的“腰带”下方，有一朵云一样的亮斑（肉眼难以察觉），名叫猎户座大星云。它和蟹状星云一样，也是由气体和尘埃物质组成的，而上百颗年幼的新恒星，正在那里诞生。

一点也不夸张地说，这些气体和尘埃，正是孕育新一代恒星的养料。只是，和人类十月怀胎不同的是，恒星的胎儿期有长有短，长则几百万年，短则几万年。

现在，我们回到“星”字上做一个小结。《说文解字》中说它是“万物之精”，现在看来确有一番道理：一方面，万物的组成物质或组成元素，来源于亿万年前剧烈爆炸的某些恒星；另一方面，恒星本身又是由宇宙间无数物质——抛去了光鲜的外表、色彩，去除了层层的诱惑、伪装，而只留下最精微、最本质的元素——所组成。理解了恒星生命的历程，对于理解我们自己的生命，是不是有所启示呢？

地理知识提要：

★ 恒星是夜晚星空中最常见的天体之一。

★ 光年表示光在真空中穿行一年的距离，是天文学中的一种长度单位。

★ 星光的颜色往往与其温度有关。恒星年轻时会发出蓝白色的光，中年时发出黄光，年迈时则常发红光。

★ 星云是由气体、尘埃组成的天体，也是宇宙中常见的天体之一。

[字源]

宿，止也。

——《说文解字》

[字解]

“宿”的甲骨文，由一人（“”）、一屋（“”）和一席（“”）组成。怎么知道“”是席子呢？原来，古代的“席”有不少写法，有的是“㡺”，“厂”字头下面的部分，就是“”的简单变形；有的是“西”，也取自“”。一人一屋一席的组合，自然让人想到卧在席子上休息。没错，“休息”或“停顿下来”，正是“宿”的基本含义。

人一般在晚上休息，所以“宿”也有夜晚的含义。比如有人说“我一宿没睡好”，就是如此。再由“夜晚”进一步引申，变为“夜晚休息的地方”，学校、单位里的“宿舍”就是最好的证明。有智慧的古人把“宿舍”搬到了天上，为星星们安了“家”，还取了各式各样的名字。这样一来，不仅星空充满生机与温情，也有助于我们识别、理解星空。

[字变]

甲骨文　　金文　　战国文字　　篆书　　楷书

甲骨文中较早版本的“宿”，写作“”，由“人”“丙”二字构成，表示人在席上休息。后来的战国文字承续了这一写法，只是把单人改成双人，变为“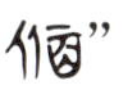”。较晚一点的甲骨文，添加“”而成为“”，使整个字更规范、完整。金文、篆书、隶书、楷书等沿袭下来。不知你看出来没有，楷书“宿”中的“百”，原来是表示“席子”的“丙”，只是在历史的演变中，被不断错写和误传，而简化成今天的写法。

[字说地理]

飞“龙”在天

群星璀璨的夜空，曾以它的广袤和深邃，引起我们祖先无尽的遐思和联想。他们在探索宇宙奥秘的进程中，逐渐揭开蒙在满天星斗上的、用神话和想象编织的帷幕，并认识和把握了它们的特点和规律，来为自己服务。

我们耳熟能详的“二十八宿”就是成果之一。在《西游记》中，玉皇大帝的天宫里有二十八员神将，孙悟空大闹天宫时就与他们交过手。后来，奎木狼下界为妖，成了黄袍怪；在小雷音寺，二十八宿帮孙悟空打黄眉怪；四木禽星帮孙悟空擒住了犀牛精；昴日星官（大公鸡）降伏蝎子精的片段，尤其令人印象深刻：“原来是一只双冠子大公鸡，昂起头来，约有六七尺高，对妖精叫一声，那怪即时就现了本相，是个琵琶来大小的蝎子精。星官再叫一声，那怪浑身酥软，死在坡前……”另外，像《封神演义》《水浒传》《红楼梦》等名著中，都有二十八宿的身影。

古人为什么创造二十八宿，又为什么不是二十七、二十九或其他数字呢？这一切得从头说起。

华夏的先辈们很重视动物“它”，“它”的金文写作“”。你瞧，这是不是一条眼镜蛇竖起来的样子？“它”的本义正是“蛇”。人们发现蛇结束冬眠时，春天就来到；进入冬眠时，寒冬就降临。就这样，蛇成了极佳的物候指标，将一年分成夏、冬两季。掌握了季节，渔猎便获丰收。自然地，蛇慢慢变成当时部落的崇拜对象，产生了“伏羲氏人首蛇身”的神话传说。不难猜到——蛇的形象，正是后来华夏民族龙图腾的起源。

不过，一年只分两季，还是稍微粗略了些，不够方便。毕竟，蛇开始冬眠或结束冬眠的时间，很难精确认定。于是，人们把目光投向了夜空中的星幕。星幕犹如一面巨大的钟面，作为一个整体，它会有规律地转动。可不可以在这面钟上展开更精确的观察呢？想到这一点的，可不止我们的祖先，古印度人、古埃及人、古巴比伦人、古希腊人……几乎世界上所有的古老民族，都想到了。

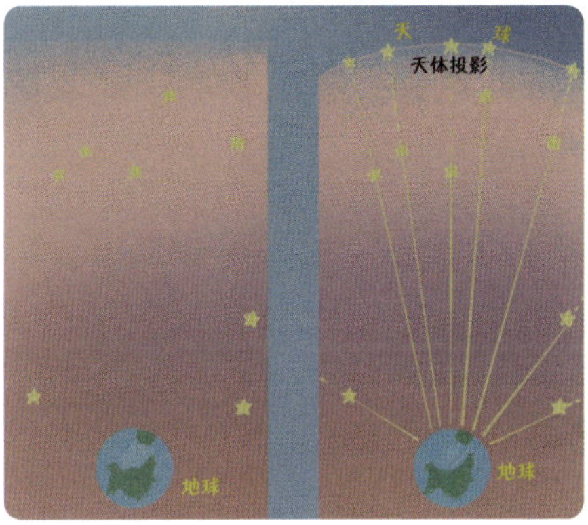

◎天体投影示意图

我们要顺带提一下星幕。一颗颗星星点缀着夜晚的天空，犹如在一张巨大的黑布上镶嵌着无数颗亮晶晶的宝石。星幕在天文学家眼中，又叫天球。一般而言，宇宙中各个天体与地球的距离并不相同，研究起来很不方便，所以人们就假想了一个天球，然后把所有的天体统统投影到天球相应的位置上，这样，研究它们就简单多了。

由于这些恒星相对于地球而言位置是固定的，所以它们投影到天球上的位置也是不会变化的。这就形成了一幅永恒的星空图和一个精确的钟表。整个星空的有序转动是地球自转、公转的结果。这就好比我们坐在飞驰的高速列车内，车外的场景飞快“倒退”，给人的感觉像是它们在“动”一样。

在这张星幕上，人们有太多的发现。比如，古埃及人依据天狼星“偕日升”（与太阳一同升起），来推断尼罗河开始泛滥的时间。天狼星每天升起的时间并不固定，但古埃及人发现，一旦它与太阳同时从地平线上升起，尼罗河就会泛滥。由此，古埃及人留了个心眼儿，仔细数了两次天狼星“偕日升”之间的间隔天数，发现总时长约是365.25天。真是聪明啊！

我们的祖先也有自己的办法。他们将东方星空中的一些星星联系起来，联想成一种动物的样子，“苍龙”就是由此而产生的。我们看看“东方苍龙”的模样（下方左图）和甲骨文中“龙”（下方右图）的写法，不少天文学家认为，“龙”字最初就是起源于对星象的描绘。另外，星图中“龙”的头部与“”的头部相似，或许也可以证明龙与蛇的关系。

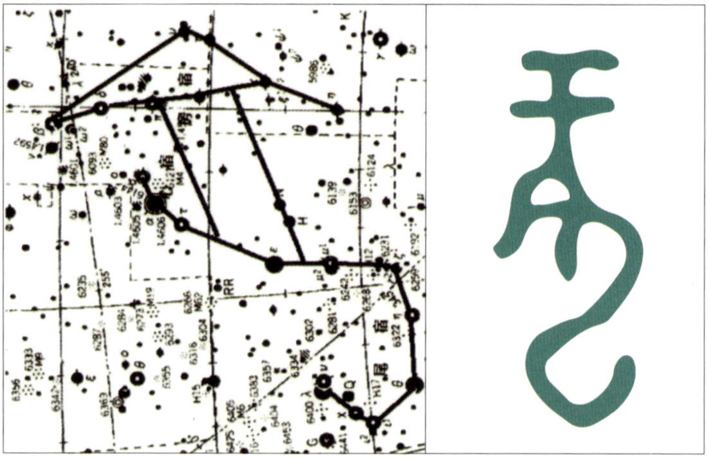

◎东方星空中的“苍龙”

许慎在《说文解字》中称：“龙，鳞虫之长。能幽，能明，能细，能巨，能短，能长；春分而登天，秋分而潜渊。”“春分而登天，秋分而潜渊”的意思是说，春分那天，龙刚好出现在天上；秋分那天，龙刚好从天上消失，仿佛潜藏在深渊里了。

《易经》中还有“潜龙”“见龙在田”“飞龙在天”“亢龙有

悔”等说法，金庸写小说《射雕英雄传》和《天龙八部》时，主人公就掌握了上述武功招式。这些名字正好描述了人们在一年不同季节中所看到的龙在天空中的不同位置。

星“宿”钟表

从“东方苍龙”开始，古人又根据不同方位的星辰展开联想，渐渐形成了“南方朱雀”“西方白虎”“北方龟蛇（玄武）”的“天文想象”，俗称“四象”。在初春的黄昏，仰望星空，常能见到这样壮丽的画景：巨龙在东方天空飞腾，大鸟在南方天空展翅，白虎在西方天空吼叫，只有北方天空比较安静，因为龟蛇蛰伏在地底下，还未苏醒。

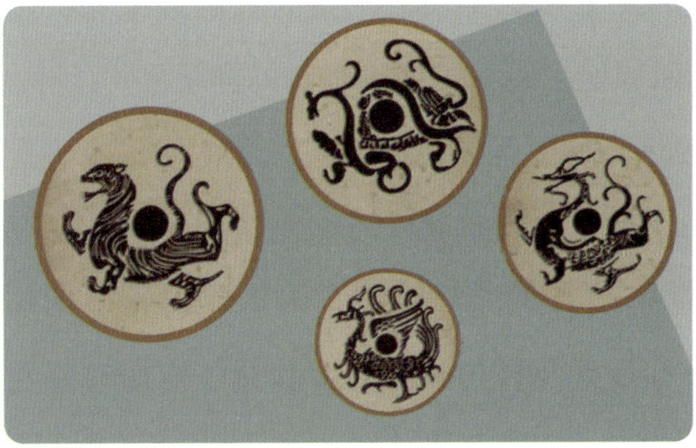

◎四象文化是中国古代天文学的经典，四象的形象也经常用于装饰

“四象”的天文传统广泛影响了东亚地区，在全世界范围内有大量的“迷弟”“迷妹”。它的寓意也突破了天文学的范畴，成为一种人人向往的文化，处处受宠，代代流传。

后来，巨龙、大鸟、白虎和龟蛇各分七段，称为“七宿”，它们环绕整个天球一周，共计二十八宿。据考证，我国的天文学家早在战国时期就确定了二十八宿。可宿的数量为什么是二十八个呢？主流观点认为是月亮造成的。原来，月亮每27.32天绕地球旋转一周，这就导致月亮的星空背景每27天或28天一轮换——如果只取整数的话。实际上，我国古代是有过二十七宿的，如《史记·天官书》中将壁宿和室宿合为一宿，只是后来统一成二十八宿了。有时，为方便描述它的相对位置，人们会说月亮跑到某某宿了。

为了便于理解，我们可以打个比方：我们坐在一间屋内（屋子代表地球），四周的墙壁上贴着不同花纹的墙纸（从地球上看到的星空及其不同的星座），目视一个小球（代表月球）并沿着四壁绕行一圈。在此过程中，我们会看到小球背后的墙纸花纹是不断变化的，直到它转回原地，花纹才回到最初的样子。

也就是说，月亮在28天内，每天会移动到一个宿的位置。古人比较文艺腔，很有格调地说月亮每晚在一个星宿驻留、休息。这正是“宿”的字面意思。有了二十八宿，古人就能精确地描述每一个日子，而不必像以往那样，通过观察新月（农历初一左右）、满月（农历十五左右）等月相来粗略地计算日期。

从全世界的角度看，在英语、德语、俄语乃至上百种其他语言中，“月亮”或“月份”的意思都和“度量时间”有关。看来，根据月亮算日期，并不是中国人所独创的，但二十八宿的出现让这一切变得更加精确，也使我国的天文学在历史上“灿烂”

了很长时间。

有了二十八宿之后，天空就像汉字一样，变得“象形”起来了。比如，《诗经》中有“月离于毕，俾滂沱矣”的记载，意思是“当月亮跑到毕宿的那天，不久就下起了大雨”。“毕”字的甲骨文“𠀬”就像一个捕猎时用的长柄小网，这恰与天上的毕宿排列形状相近。另外，箕宿由四颗星构成，外形如同簸箕；斗宿由七颗星构成，外形像古代舀酒的器具斗（斗宿不是北斗七星）；井宿由八颗星构成，似水井的形状……看来，我们的老祖宗把汉字都搬到天上去喽！

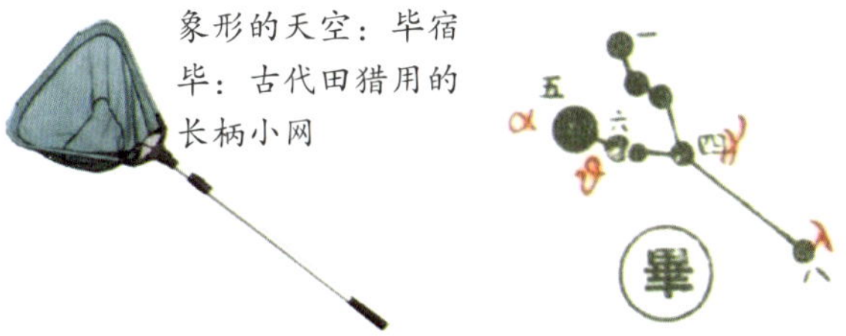

◎毕宿

客观地说，我国二十八宿的伟大之处，在于它历经数千年文明的积淀，形成了环环相扣的完整天文观测体系。如东方苍龙，既有“龙头”（角、亢），也有“龙身”（房、心）和“龙尾”（尾、箕）；南方朱雀呢，既有“鸟头”（井、鬼），也有“鸟身”（柳、星、张）和“鸟尾”（翼、轸）；乃至西方白虎、北方玄武也都是头、身、尾俱全。相比之下，古巴比伦和古印度虽然也有二十八宿，却不具有系统性。

◎湖北曾发现一个制作于公元前433年的漆木箱，属于战国时代初期的曾国。箱盖上写着围成一圈的二十八宿的名字。其中不少文字与星宿的外形相关

随着人类探索自然的能力不断增强，以“月”为单位来计算时间的方法也不能满足需求了。比如，季节怎么划分？不过，这也难不倒有智慧的古人。他们分别以二十八宿中的星、心、虚、昴四宿在黄昏时见于正南方天空的情形，确定了春分、夏至、秋分和冬至，从而准确地划分了一年四季。

咦，大家刚刚又看到了“星”字，是不是很奇怪？没错，星也是二十八宿之一。每当它黄昏时分出现在正南方的天空中时，农家正忙着春种，“春分”也由此而来。北宋文学家、书法家蔡襄曾在《和王学士水车》中写道：“星鸟正中春事浓，农夫入田布嘉种。”描绘的正是这一场景。

“黄道”交融

从星、心、虚、昴四宿的应用中，我们发现，相比月亮，二十八宿更离不开太阳。古人常以观测黄昏和日出时处于正南天空的某一星宿，来确定具体时节。于是，确定太阳和星宿的位置

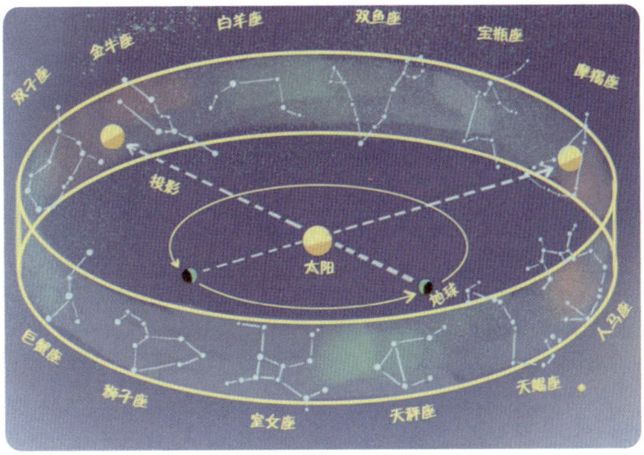

◎黄道十二宫

关系就成了观测的重点，并由此产生了一个影响深远的概念：黄道。

“黄”是太阳的颜色，“道”指走出的道路，“黄道”就是太阳一年在天空中的移动轨迹。我们知道，地球围绕太阳运行，一年旋转一大圈。但如前文所说，人坐在车上，感受不到车在前进，反而认为车窗外的树木在后退。站在地球上的你，也感觉不到地球在运动，却觉得太阳在绕着地球旋转。

太阳如此“走”过的路线就叫作“黄道”，它会依次穿过白羊座、金牛座、双子座……等走完双鱼座，一年也就到头了。你可能想知道：古人如何获知太阳每天处在什么位置呢？这其实并不难：白天时，太阳高悬于天空，星星隐没不见，但日落或拂晓，都是观测的好时机呀！另外，从月相上也可以推断，比如满月的位置总是与太阳相反，等等。

◎你知道自己是什么星座吗？

谈到黄道，东西方的天文

学巧妙地达成了共识。因为二十八宿在西方世界中的地位相当于举世闻名的黄道星座（请注意，它们并不等同）。

黄道的功能非常强大！人们依据太阳在黄道的位置，或是星座、星宿的位置，就能判断时节。我国古人在二十八宿的基础上，建立了“天干地支”的时间计算方法。所谓“天干”，即“甲、乙、丙、丁、戊、己、庚、辛、壬、癸”10个，“地支”即“子、丑、寅、卯、辰、巳、午、未、申、酉、戌、亥”12个。它们的身影，今天依然频繁地出现在各种书刊报纸上：

“天干地支”的甲骨文写法

楷	甲骨文（括号内系文中代称）	楷	甲骨文（括号内系文中代称）
甲	（甲$_1$） （甲$_2$） （甲$_3$）	丑	（丑$_1$） （丑$_2$）
乙		寅	（寅$_1$） （寅$_2$） （寅$_3$）
丙		卯	
丁		辰	（辰$_1$） （辰$_2$）
戊		巳	（巳$_1$） （巳$_2$）
己		午	（午$_1$） （午$_2$）
庚	（庚$_1$） （庚$_2$）	未	（未$_1$） （未$_2$）
辛		申	（申$_1$） （申$_2$）
壬		酉	（酉$_1$） （酉$_2$）
癸		戌	
子	（子$_1$） （子$_2$）	亥	

结合星宿对应的汉字与形状，可以看出，天干或地支，常由两三个星宿组合而成。比如子，它对应危、虚二宿。图示如下：

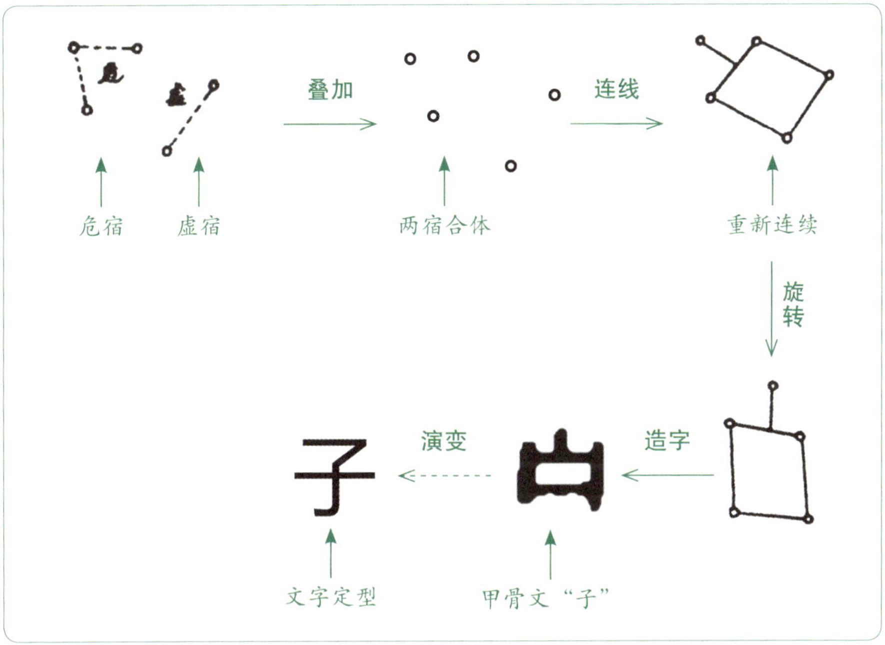

◎星宿与汉字

现在发现，天干、地支都“取自”天上。事实上，剩余的21个，也可以由二十八宿中的某些组合得来。我们应该为祖先创造的天文学成就感到自豪！而且，作为一种文化基因，天干与地支已经融入人们生活的无数细节中了。

星辰赋“魅”

由于二十八宿及黄道十二宫的知识在古代并不是人人都有机会学到的，渐渐地，它们就带有神秘性，乃至于在全世界范围内都出现了不少迷信现象。比如，当人们要做重要的事情时，总喜欢选择“黄道吉日”，似乎那天能有神相助、特别顺利。据历书记载，1941年12月8日（此为日本东京时间，夏威夷时间为12月7日）是个罕有的“黄道吉日”，震惊全球的日军偷袭珍珠港事件在此日爆发。据说，这是日本星相学家精心挑选的日子——因为这一天对美国来说，恰是凶煞之日。

类似的事情在我国也是屡见不鲜。星相学家认为，从一个人的“生辰八字”就能断其一生，并美其名曰“宿命”。这里的“辰”“宿”等字，都来自天文学，但它们真能决定一个人的命运吗？

明朝第十位皇帝朱厚照，特别信“命”，他的生辰八字是辛亥年戊戌月丁酉日戊申时，恰巧符合“申酉戌亥”的顺序，在命理上称为“贯若连珠”，意味着大富大贵。所以继位之初，满朝文武都以为他将是一个盛世明君。可事实却打了所有人的脸：他不仅是个短命鬼，还是有名的不理朝政、荒唐无度的昏君，他在位期间，民不聊生，灾祸不断。

所以，一方面，天上的星辰可以帮助我们做很多事情，另一方面，如果过度迷信，走向“星象”“宿命”论，就不可取。日本偷袭珍珠港虽然侥幸成功，但其实只是加快了日本法西斯覆灭的速度而已。

在美国南北战争开始前，南方逃亡的黑奴只要进入不蓄奴的北方各州便可获得自由。可这些逃奴没有钱，没有交通工具，尤其是不认识路，该怎么办？他们想到了北斗七星。这些逃奴昼伏夜出，在北斗七星的指引下，为了宝贵的自由远涉千山万水，终于到达北方。从此，北斗七星被美国人称为“自由之星”。

灿烂的星海把精细的时间刻在每一夜的天幕上，也把宇宙空间的魅力淋漓尽致地展现给世人。透过对星空的求索，世人获得了无穷的智慧。天文的魅力也在于此吧！它带给人自由，带给人信念，带给人希望。所以，每个人都应该找到属于自己的“北斗七星”，在它的指引下，了解文化，了解人生，了解宇宙。这个过程永无止境，值得终身奋斗……

地理知识提要：

★天球是一个与地球同球心但半径无限大的球。在天文学中，天空中所有的天体都可以投影在天球上，以便人们观察其位置及变化。

★ 一年的总时长约为365.25天。

★ 黄道是太阳一年在天空中的移动轨迹。人们可根据太阳在黄道中的位置，判断具体的时节。

★ 我国在二十八宿的基础上，建立了“天干地支”的时间计算方法。